www.tredition.de

AF185449

Prof. Dr. Jürgen Kemper

ARBEITSRECHT effektiv
Band 3

Arbeitnehmerüberlassungsrecht

www.tredition.de

Prof. Dr. Kemper war über 20 Jahre als Repetitor, Rechtsanwalt und Fachanwalt für Arbeitsrecht tätig. Seit 2010 lehrt er an der Hochschule Hof Arbeitsrecht und Wirtschaftsprivatrecht.

© 2019 Prof. Dr. Jürgen Kemper

Verlag und Druck: tredition GmbH, Hamburg

ISBN
Paperback: 978-3-7482-4040-2
Hardcover: 978-3-7482-4041-9
e-Book: 978-3-7482-4042-6

VORWORT

Der vorliegende Band 3 der Reihe „ARBEITSRECHT effektiv" befasst sich mit einem Teilgebiet der atypischen Arbeitsverhältnisse,
dem Arbeitnehmerüberlassungsrecht. Er richtet sich insbesondere an Studierende des Studiengangs Wirtschaftsrecht, die das
Wahl- bzw. Vertiefungsfach „Arbeitsrecht" belegen. Auch Studierende der Rechtswissenschaften, der Betriebswirtschaft, des Inter-
nationalen Managements oder der verschiedenen Masterstudien-
gänge Personal und Arbeit können sich mit dem Werk auf Prüfun-
gen im Arbeitnehmerüberlassungsrecht vorbereiten.

Wer den Normalfall eines unbefristeten, abhängigen Vollzeitar-
beitsverhältnisses, bei dem der Arbeitnehmer direkt beim Arbeitgeber angestellt ist und bei diesem seine Arbeitsleistung erbringt,
nicht versteht, wird die Besonderheiten der Arbeitnehmerüberlassung oder befristeter Arbeitsverhältnisse nicht einordnen können.
Es ist deshalb unerlässlich, über ein gefestigtes Grundlagenwissen zum Arbeitsrecht zu verfügen. Diese Kenntnisse werden in
Band 1 und Band 2 der Reihe „ARBEITSRECHT effektiv" vermit-
telt.

Zur besseren Lesbarkeit wird auf die gleichzeitige Verwendung
männlicher, weiblicher bzw. sonstiger Sprachformen verzichtet.
Soweit möglich, wird die in den jeweiligen Gesetzen enthaltene
Bezeichnung verwendet. Alle Personenbezeichnungen gelten
selbstverständlich für alle Geschlechter.

Das Werk wurde mit der größtmöglichen Sorgfalt erstellt. Sollten Sie dennoch Fehler oder Unrichtigkeiten feststellen, wäre ich für einen Hinweis dankbar. Auch Verbesserungsvorschläge sind jederzeit willkommen.

Prof. Dr. Kemper

Inhaltsverzeichnis

Abkürzungsverzeichnis

a. F.	alte Fassung
AG	Arbeitgeber
AGG	Allgemeines Gleichbehandlungsgesetz
Alt.	Alternative
AN	Arbeitnehmer
ArbG	Arbeitsgericht
AÜG	Gesetz zur Regelung der Arbeitnehmerüberlassung
BAG	Bundesarbeitsgericht
BAP	Bundesverband der Personaldienstleister
BB	Betriebsberater
BetrVG	Betriebsverfassungsgesetz
BGB	Bürgerliches Gesetzbuch
BGH	Bundesgerichtshof
BV	Betriebsvereinbarung
BZA	Bundesverband Zeitarbeit Personal-Dienstleistungen e.V.
DGB	Deutscher Gewerkschaftsbund
d. h.	das heißt
EG	Europäische Gemeinschaft
ErfK	Erfurter Kommentar zum Arbeitsrecht
etc.	et cetera
EU	Europäische Union
EuGH	Europäischer Gerichtshof
EUR	Euro
f., ff.	folgend(e)
GewO	Gewerbeordnung

gfl.	gegebenenfalls
GG	Grundgesetz
grds.	grundsätzlich
h. M.	herrschende Meinung
HS	Halbsatz
i. d. R.	in der Regel
iGZ	Interessenverband Deutscher Zeitarbeitsunternehmen e. V.
i. S. d.	im Sinne des/der
i. V. m.	in Verbindung mit
KSchG	Kündigungsschutzgesetz
LAG	Landesarbeitsgericht
m. w. Nw.	mit weiteren Nachweisen
Nr.	Nummer
o. g.	oben genannte(er)
S.	Seite
SGB	Sozialgesetzbuch
sog.	sogenannte
TV	Tarifvertrag
TzBfG	Gesetz über Teilzeitarbeit und befristete Arbeitsverträge
u. a.	unter anderem
u. U.	unter Umständen
vgl.	vergleiche
z. B.	zum Beispiel

Literaturverzeichnis

Bundesagentur für Arbeit, Fachliche Weisungen Arbeitnehmer-überlassungsgesetz AÜG), in der Fassung „gültig ab dem 01.04.2017" (zitiert: Fachliche Weisungen)

Bissels/Falter, www.cmshs-bloggt.de/arbeitsrecht/rahmenueber-lassungsvertraege-einhaltung-der-schriftform-bei-der-konkretisie-rung-nun-doch-notwendig (abgerufen am 20.02.2019)

Böhm/Hennig/Popp, Zeitarbeit und Arbeiten 4.0, Verlag Luchter-hand, 4. A. 2017

Bundesagentur für Arbeit (Hrsg.), Statistik/Arbeitsmarktberichter-stattung, Aktuelle Entwicklungen in der Zeitarbeit, Januar 2019

Däubler/Kittner/Klebe (Hrsg.), Betriebsverfassungsgesetz, Bund Verlag, 16. Auflage 2018 (zitiert: Däubler/*Bearbeiter*)

Fitting, Betriebsverfassungsrecht, Verlag Vahlen, 29. A. 2018

Fleiner-Gerster, Wie soll man Gesetze schreiben?, Verlag Haupt, 1985

Hamann, jurisPR-ArbR 11/2018 Anm. 5. (Anmerkung zu BAG vom 16.11.2017, 2 AZR 90/17).

Junker, Fälle zum Arbeitsrecht, Verlag C. H. Beck, 3. A. 2015

Kallwass/Abels, Privatrecht, Verlag Vahlen, 22. A., 2015

Kemper, Überleitungsgerechtigkeit bei Gebietsänderungen und sonstigen Änderungen im territorialen Geltungsbereich von Rechtsordnungen, Verlag Centaurus, 1992

Kemper, Arbeitsrecht effektiv, Band 1, Einführung in das Arbeitsrecht, Verlag tredition, 2018

Kemper, Arbeitsrecht effektiv, Band 2, Fallsammlung, Verlag tredition, 2018

Möllers, Juristische Arbeitstechnik und wissenschaftliches Arbeiten, Verlag Vahlen, 9. A. 2018

Motz, UPDATE: AÜG-Reform 2016/2017, www.motz-law.com/download/161021_update_bewertung_aueg-aende-rungsgesetz.pdf (abgerufen am 20.02.2019)

Müller-Glöge, Preis, Schmidt (Hrsg.), Erfurter Kommentar zum Arbeitsrecht, Verlag C. H. Beck, 18. A. 2018 (zitiert: ErfK/*Bearbeiter)*

Müller-Glöge, Preis, Schmidt (Hrsg.), Erfurter Kommentar zum Arbeitsrecht, Verlag C. H. Beck, 16. A. 2016 (zitiert: ErfK/*Bearbeiter* (2016)

o. V., Bundesagentur für Arbeit, www.arbeitsagentur.de/unternehmen/personalfragen/arbeitnehmerueberlassung (abgerufen am 25.02.2019)

o. V., Statistisches Bundesamt, www.destatis.de/DE/ZahlenFakten/GesamtwirtschaftUmwelt/Arbeitsmarkt/Methoden/Normalarbeitsverhaeltnis.html (abgerufen am 25.02.2019) *o. V.*, randstad, www.randstad.de/ueber-randstad/branche-zeitarbeit/begrifflichkeit-zeitarbeit-leiharbeit (abgerufen am 25.02.2019)

o. V., Wirtschafts- und Sozialwissenschaftliches Institut der Hans-Böckler-Stiftung, https://www.boeckler.de/53499.htm (abgerufen am 25.02.2019)

o. V., www.zeitarbeit24.de/blog/wie-wichtig-ist-zeitarbeit-für-die-deutsche-wirtschaft, (abgerufen am 25.02.2019)

o. V., www.motz-law.com/download/161021_update_bewertung_aueg-aenderungsgesetz.pdf (abgerufen am 20.02.2019)

Palandt, Bürgerliches Gesetzbuch, Verlag C. H. Beck, 77. A. 2018 (zitiert: Palandt/*Bearbeiter)*

Radbruch, Rechtsphilosophie, K. F. Koehler Verlag, 5. A. 1956, bearbeitet nach dem Tode des Verfassers von Dr. Erik Wolf

Scharff, Ein Jahr mit dem reformierten AÜG – Zeit für ein Resümee, BB 2018, S. 1140 ff

Schaub, Arbeitsrechts-Handbuch, Verlag C. H. Beck, 17. A. 2017 (zitiert: Schaub/*Bearbeiter)*

Schüren (Hrsg.), Arbeitnehmerüberlassungsgesetz, Verlag C. H. Beck, 5. A. 2018 (zitiert: Schüren/*Bearbeiter)*

Schwacke, Juristische Methodik, Verlag Kohlhammer, 5. A. 2010

Staudinger, Kommentar zum Bürgerlichen Gesetzbuch mit Einführungsgesetz und Nebengesetzen, Ergänzungsband: Eckpfeiler des Zivilrechts, 6. A. 2018, Verlag Sellier - de Gruyter (zitiert: Staudinger/*Bearbeiter*)

Thüsing, Arbeitnehmerüberlassungsgesetz, Verlag C. H. Beck, 4. A. 2018 (zitiert: Thüsing/*Bearbeiter)*

Tschöpe, Arbeitsrecht Handbuch, Verlag Dr. Otto Schmidt, 10 A. 2017 (zitiert: Tschöpe/*Bearbeiter)*

Ulber, AÜG Arbeitnehmerüberlassungsgesetz, Bund Verlag, 5. A. 2017 (zitiert: Ulber/*Bearbeiter)*

Ulrici, Arbeitnehmerüberlassungsgesetz, Nomos Verlag, 2017

Urban-Crell/Germakowski/Bissels/Hurst, AÜG Kommentar zum Arbeitnehmerüberlassungsgesetz, Verlag Luchterhand, 3. A. 2017 (zitiert: Urban-Crell/*Bearbeiter*)

Zippelius, Juristische Methodenlehre, Verlag C. H. Beck, 11. A. 2012

A. Einführung

I. Die Arbeit mit diesem Werk

1. Das Handwerk

Welche Lernmethode die effektivste ist, um sich den Inhalt dieses Skripts anzueignen, muss jeder für sich selbst herausfinden. Nach meinen Erfahrungen setzt effektives und effizientes Lernen und Behalten aber meist voraus, sich mehrfach und vor allem eigenständig mit dem Stoff auseinanderzusetzen bzw. zu beschäftigen. Ziel eines juristischen Studiums, sei es an einer Hochschule für angewandte Wissenschaften (Fachhochschule) im Studiengang Wirtschaftsrecht oder an der Universität im Studium der Rechtswissenschaften, ist es u. a., aufgrund des erworbenen Wissens in der Lage zu sein, praxisrelevante Rechtsfragen angemessen beantworten zu können. Niemand kann heute mehr alle Einzelprobleme auch nur eines einzigen Rechtsgebiets kennen. Dies gilt auch für das in diesem Skript behandelte Recht der Arbeitnehmerüberlassung. Daher sollten Sie nicht den Fehler machen, sich den mutmaßlich prüfungsrelevanten Stoff ausschließlich in Form einer „Lernbulimie"[1] anzueignen. Wichtig ist es vielmehr, die Strukturen und Grundlagen des jeweiligen Rechtsgebiets zu verstehen. Dann werden Sie auch in der Lage sein, sich schnell in vertiefende Themen einzuarbeiten und unbekannte Probleme in einer Klausur jedenfalls befriedigend lösen zu können.

---

[1] Gemeint ist die Form des Eintrichterns des prüfungsrelevanten Stoffs mit der Folge, dass das erworbene Wissen unmittelbar nach der Klausur wieder vergessen wird.

2. Grundlagen und Strukturen

Band 1 der Reihe „ARBEITSRECHT effektiv" enthält die Grundlagen des Individualarbeitsrechts, die Sie in den ersten Semestern kennen müssen. In Band 2 lernen Sie die klausur- und prüfungsmäßige Anwendung dieser und weitergehender Kenntnisse, die Sie in höheren Semestern benötigen.

Der vorliegende Band 3 befasst sich mit der Arbeitnehmerüberlassung, also Arbeitsverhältnissen, die von einem Normalarbeitsverhältnis abweichen. Auch hier müssen Sie zunächst die Grundlagen und Strukturen verstehen, bevor Sie sich speziellen Einzelproblemen widmen können. Dementsprechend werden in Kapitel C. zunächst das Basiswissen und in Kapitel D. die allgemeinen Voraussetzungen für eine Arbeitnehmerüberlassung dargestellt. Aufbauend auf das damit erworbene Grundlagenverständnis werden Sie die Rechtsbeziehungen der an einer Arbeitnehmerüberlassung beteiligten Parteien und die damit verbundenen Probleme einordnen können (Teil E.). Welche Rechtsfolgen bei Verstößen gegen Vorschriften des AÜG eintreten, lernen Sie in Teil F. Teil G. befasst sich mit den Besonderheiten der Haftung von Leiharbeitnehmern. In Teil H. werden abschließend die betriebsverfassungsrechtlichen Fragen der Arbeitnehmerüberlassung erörtert.

II. Die Arbeit mit dem Gesetz

Wer herausragende Noten bekommen möchte, muss sich mit den Grundlagen der juristischen Methodenlehre befassen.[2] Damit sind nicht nur „Techniken" bei der Lösung einer Klausur gemeint.[3] Notwendig sind vielmehr auch Kenntnisse über die Besonderheiten der Rechtssprache und insbesondere der Auslegung von Gesetzen. Die nachfolgenden Ausführungen können eine vertiefende Auseinandersetzung mit juristischer Methodik nicht ersetzen. Sie sollen aber einen Überblick über die wichtigsten Grundlagen rechtswissenschaftlicher Methoden geben und können gleichzeitig für Sie dazu dienen, einige wesentliche Merkmale juristischer Arbeitstechniken zu wiederholen.

1. Rechtsnormen

Nach Auffassung der Philosophen in der Antike war das Recht eingebettet in eine unabänderbare Seinsordnung, in den sog. „nomos".[4] Im Mittelalter war man der Meinung, Recht werde nicht geschaffen oder gesetzt, sondern sei vielmehr vorgegeben. Mit der Entwicklung der Souveränitätsidee[5] setzte sich die Auffassung durch, maßgebliche Rechtsquelle sei allein das vom Souverän geschaffene Recht, das:

---

[2] Vgl. z. B. *Schwacke*, Juristische Methodik; *Zippelius*, Juristische Methodenlehre.

[3] Vgl. A. III. 3., 4.

[4] Vgl. *Kemper*, Überleitungsgerechtigkeit, S. 1, mit Hinweis auf *Fleiner-Gerster*, Wie soll man Gesetze schreiben?, S. 120.

[5] Vgl. *Zippelius*, Allgemeine Staatslehre, § 9.

► allgemein verbindliche Regelungen enthält,

► an eine unbestimmte Anzahl von Personen gerichtet ist

► und Geltung beansprucht, ohne dass der Normadressat damit einverstanden ist oder zugestimmt hat.[6]

2. Auslegungsmethoden

Normen enthalten i. d. R. Tatbestandsmerkmale (Voraussetzungen) und Rechtsfolgen. Enthält die Norm selbst eine Legaldefinition für Tatbestandsmerkmale, ist die Subsumtion unproblematisch. Oftmals ist jedoch nicht eindeutig erkennbar, was unter einem Tatbestandsmerkmal zu verstehen ist. Dies ist etwa der Fall bei unbestimmten Rechtsbegriffen, die entweder durch die Rechtsprechung und/oder durch Auslegung konkretisiert werden müssen.[7]

Beispiel
Der Begriff „unverzüglich" lässt grundsätzlich unterschiedliche Interpretationen zu. Er ist jedoch in § 121 BGB definiert als „ohne schuldhaftes Zögern". Was ein „wichtiger Grund" i. S. d. § 626 I BGB ist, wird in der Norm nicht näher beschrieben. Es handelt sich um einen unbestimmten Rechtsbegriff, der von der Rechtsprechung durch eine zweistufige Prüfung konkretisiert worden ist.[8]

Die wichtigsten Auslegungsmethoden sind:

---

[6] Zur Bedeutung von Rechtsnormen siehe weitergehend *Radbruch*, Rechtsphilosophie, S. 135 ff.

[7] Vgl. *Möllers*, Juristische Arbeitstechnik, § 3, II. 1.

[8] Zur Systematik und zur Kritik an diesem Vorgehen vgl. ErfK/*Müller-Glöge*, § 626 Rn. 14 ff.

a. Grammatikalische Auslegung

Diese Methode setzt am Wortlaut an. Was ist nach allgemeinem und juristischem Verständnis unter einem Begriff oder einer Norm zu verstehen?

b. Systematische Auslegung

Die systematische Auslegung orientiert sich an der Stellung der Norm im Gesetz. In welchem Abschnitt des Gesetzes steht die Norm? Wie lauten die Überschriften dieses Abschnitts? Wie ist das Verhältnis der Normen zueinander?

c. Historische Auslegung

Hier wird z. B. die Entstehungsgeschichte der Norm betrachtet. Dafür ist oftmals ein Blick in die Gesetzesentwürfe notwendig. In einer Klausur werden Sie diese Auslegungsmethode folglich nicht anwenden können, es sei denn, Sie kennen die Entwicklungsgeschichte eines Gesetzes.

d. Teleologische Auslegung

Bei dieser Form der Auslegung knüpft man an Sinn und Zweck der Regelung an. Was will der Gesetzgeber mit der Norm oder ggf. mit dem gesamten Gesetz erreichen? Auch hier ist im Zweifel eine Prüfung der Gesetzesentwürfe notwendig.

3. Analogien

Finden Sie in der Klausur keine auf den Sachverhalt passende

Norm, kommt die (entsprechende) analoge Anwendung einer anderen Norm in Betracht.

Beispiel
Bei der sog. privilegierten Arbeitnehmerhaftung gibt es keine direkt anwendbare Vorschrift, aufgrund derer ein mitverantwortliches Verhalten des Arbeitgebers berücksichtigt werden kann. Über § 254 BGB analog muss sich der Arbeitgeber aber die Betriebsgefahr seines Unternehmens anrechnen lassen.[9]

Voraussetzungen für einen solchen Analogieschluss sind:

▶ eine Regelungslücke, d. h. der Sachverhalt kann nicht unter eine bestimmte Norm subsumiert werden,
▶ die Lücke muss planwidrig sein, d. h. der Gesetzgeber darf das Nichtregeln des Sachverhalts nicht „absichtlich gemacht" haben; anders ausgedrückt: der Gesetzgeber hat übersehen, dass es diese Lücke gibt und
▶ nicht geregelter und geregelter Sachverhalt müssen miteinander vergleichbar sein.

III. Die Fallbearbeitung

1. Fallfragen/Bearbeitungshinweise

Auch bei Klausuren im Arbeitnehmerüberlassungsrecht wird meist nicht die Beantwortung theoretischer Fragen oder die bloße Wiedergabe von Wissen gefordert, sondern die Bearbeitung und

---

[9] Vgl. ErfK/*Preis*, § 619a BGB, Rn. 10.

Lösung konkreter Sachverhalte. Eine solche Klausurgestaltung hat den Vorteil, dass durch das Verständnis für juristisches Arbeiten und Aufbautechniken eine Lösung auch dann gelingen kann, wenn Ihnen der Sachverhalt unbekannt ist.[10]

Häufige Fragestellungen in Klausuren zu atypischen Arbeitsverhältnissen - die Arbeitnehmerüberlassung ist ein „Teilgebiet" hiervon - sind:

"Ist die Befristung des Arbeitsvertrags vom ... wirksam?"
„Hat eine Klage auf Feststellung des Bestehens eines unbefristeten Arbeitsverhältnisses Aussicht auf Erfolg?" [11]
„Ist ein Arbeitsverhältnis zwischen Entleiher und Leiharbeitnehmer zustande gekommen?"
„Hat der Entleiher einen Anspruch auf Schadensersatz gegen den Leiharbeitnehmer?"
„Hat der Arbeitnehmer einen Anspruch auf Rückkehr aus der Teilzeit zur Vollzeit?"

Auch wenn Ihnen andere Fragen viel interessanter erscheinen und Sie diese auch viel besser beantworten könnten - beantworten Sie nur die Fallfrage. Machen Sie keine ausschweifenden theoretischen Ausführungen zu Fragen, die nicht entscheidungserheblich (für die Lösung des Falls) sind. Aus der Fragestellung leiten sich vielfach auch Aufbau und anzuwendende Rechtsnormen ab.

---

[10] Zur juristischen Aufbautechnik vgl. *Kallwass/Abels*, Privatrecht, § 123.
[11] Die Zulässigkeit einer Klage ist oftmals nicht zu prüfen. Wenn doch, lautet die Fallfrage i. d. R.: *„Ist die Klage zulässig und begründet?"* Achten Sie immer auf die konkreten Bearbeitungshinweise.

Klausurtipp

Bei sog. Anspruchsklausuren (*„Hat … gegen … einen Anspruch auf …"*) bietet sich eine Unterteilung der Prüfung an in:

► Anspruch entstanden?
► Anspruch erloschen?
► Anspruch durchsetzbar?

Neben der Bearbeitung eines Falls können Teil der Klausur auch ergänzende Einzelfragen sein. Diese können Sie meist durch das in den Vorlesungen und bei der Lösung von Klausuren erworbene Wissen beantworten.

2. Erfassen des Sachverhalts

Lesen Sie den Sachverhalt mindestens zweimal, besser dreimal. In komplexen Fällen sollten Sie eine Zeitschiene fertigen, aus der Sie den Ablauf der Geschehnisse mit einem Blick erfassen können. Während des Lesens des Sachverhalts sollten Sie sich bereits erste Ideen notieren. Der Sachverhalt darf grundsätzlich nicht verändert werden. Machen Sie also keine „Sachverhaltsquetsche", d. h. biegen Sie sich den Sachverhalt nicht so hin, dass er auf das von Ihnen erworbene Wissen passt.

3. Auffinden der richtigen Normen

Haben Sie den Sachverhalt vollständig erfasst, bereitet das Auffinden der richtigen Normen meist kein großes Problem. Oft ergeben sich die anzuwendenden Vorschriften bereits aus der Fallfrage selbst.

„Hat der Leiharbeitnehmer gegen den Verleiher Anspruch auf Schadensersatz?"[12]

In diesem Fall werden Sie durch einen Blick in das Gesetz schnell § 10 II AÜG finden. Regelt die spezielle Norm den Sachverhalt nicht abschließend, so auch § 10 II AÜG, können die allgemeinen Schadensersatzregelungen ergänzend anwendbar sein. Sofern keine speziellen Normen eingreifen, ist die zentrale (vertragliche) Schadensersatznorm § 280 I BGB.

Sollten Sie nicht genau wissen, welche Norm einschlägig sein könnte, nutzen Sie im Zweifel das Stichwortverzeichnis der Gesetzessammlung. Hilfreich kann auch das Inhaltsverzeichnis des anzuwendenden Gesetzes sein. So hat z. B. das BGB fünf Bücher, für das Arbeitsrecht sind aber nur die ersten drei Bücher relevant.[13] Prüfen Sie vorsorglich auch einige Vorschriften vor und nach der anzuwendenden Norm. Hieraus ergibt sich häufig der Kontext der Regelung.

4. Subsumtion

Unter Subsumtion versteht man die Prüfung, ob ein Sachverhalt die Tatbestandsvoraussetzungen einer Rechtsnorm erfüllt.[14] Sie "pendeln" also zwischen Sachverhalt und Rechtsnorm hin und

---

[12] Hier handelt es sich um eine sog. Anspruchsklausur.
[13] Bei Gesetzessammlungen (z. B. die DTV-Ausgaben zum Arbeitsrecht) fehlt allerdings i. d. R. das Inhaltsverzeichnis.
[14] Zur Subsumtionstechnik vgl. weitergehend *Möllers*, Juristische Arbeitstechnik, § 2 2. c).

her.[15] Sind die Tatbestandsvoraussetzungen erfüllt, ergibt sich die in der jeweiligen Norm bestimmte Rechtsfolge („wenn ... dann ...").

Beispiel
Der Erlaubnispflicht des § 1 I 1 AÜG unterfällt nur die Überlassung von „Arbeitnehmern". Es gilt der allgemeine Arbeitnehmerbegriff.[16] Hierfür können Sie die Definition für einen Arbeitsvertrag in § 611a I BGB heranziehen.[17] In der Klausur sind Angaben enthalten, die Sie daraufhin prüfen müssen, ob die Tatbestandsmerkmale *„im Dienste eines anderen zur Leistung weisungsgebundener, fremdbestimmter Arbeit in persönlicher Abhängigkeit"* erfüllt sind. Ist das der Fall, liegt als Rechtsfolge ein Arbeitsvertrag vor. Oftmals lässt sich aber auch aus dem Sachverhalt bereits entnehmen, dass unstreitig die Arbeitnehmereigenschaft gegeben ist.

5. Lösungsskizze

Als Faustregel gilt, dass 1/4 - 1/3 der zur Verfügung stehenden Zeit für die Sachverhaltserfassung und Gliederung bzw. Lösungsskizze verwendet werden sollte. Der Rest steht für Ausformulierung und nochmaliges Lesen sowie Kontrollieren der Lösung zur Verfügung. Die Lösungsskizze ist das „Drehbuch" für Ihre Klausur. Je besser die Lösungsskizze ist, desto besser wird die Klausur sein. Die Lösungsskizze müssen Sie i. d. R. nicht mit der Klausur abgeben. Sollten Sie in Zeitprobleme kommen und die Klausur

---

[15] Meist ist es sinnvoll, die unproblematischen Voraussetzungen bzw. Tatbestandsmerkmale zuerst zu prüfen.
[16] So *Ulrici*, § 1 AÜG Rn. 43.
[17] § 611a I BGB enthält keine Legaldefinition für einen Arbeitnehmer. Die in § 611a I BGB enthaltenen Merkmale entsprechen aber weitgehend der Definition durch das BAG, vgl. z. B. BAG vom 22.11.2016, 9 AZB 41/16.

nicht vollständig lösen können, kann die Beifügung der Lösungsskizze aber sinnvoll sein.

Nutzen Sie bei der Lösungsskizze zur Zeitersparnis Abkürzungen
für immer wieder auftauchende Begriffe. Abkürzungen könnten z.
B. sein:

► Betriebsrat = BR
► Arbeitnehmer = AN
► Arbeitgeber = AG
► Arbeitsvertrag = AV
► außerordentliche Kündigung = aoK
► ordentliche Kündigung = oK
► verhaltensbedingte Kündigung = vbK
► Arbeitnehmerüberlassung = AÜ

Ob solche Abkürzungen auch in der ausformulierten Klausur verwendet werden dürfen, erfragen Sie am besten in Ihrer Vorle-
sung.[18]

6.   Ausformulierung der Klausur

Bei der Ausformulierung der Klausur beachten Sie bitte die Formalien, z. B. *"Blätter nur einseitig beschreiben"* oder *„Korrekturrand 5
cm"*. Bemühen Sie sich um eine lesbare Schrift, da nicht lesbare
Teile i. d. R. nicht bewertet werden können. Beachten Sie, dass
nicht nur die Lösung selbst, sondern auch die äußere und innere

---

[18] Zur besseren Lesbarkeit wird in den nachfolgenden Ausführungen auf Abkürzungen weitgehend verzichtet.

Gestaltung der Fallbearbeitung relevant ist. Eine klare, nachvollziehbare Gedankenführung spiegelt sich in der Form der Arbeit wider. Vielfach bieten sich auch kurze Überschriften an, die dem Korrigierenden den Überblick erleichtern. Juristische Klausuren werden grundsätzlich in ganzen Sätzen gelöst und nicht nur durch stichwortartige Begriffe.[19] Bemühen Sie sich um objektive und sachliche Begründungen. Vermeiden Sie möglichst Bandwurmsätze.[20]

Setzen Sie die richtigen Schwerpunkte. Bearbeiten Sie nur das, was für die Beantwortung der Fallfrage notwendig ist. So sollten Sie sich etwa mit der Frage, ob ein unzulässiger Kettenverleih vorliegt, nur dann beschäftigen, wenn es hierfür Anhaltspunkte im Sachverhalt gibt. Legen Sie das Schwergewicht der Argumentation auf die zentralen Probleme.

7.   Gutachten- oder Urteilsstil?

Gutachten- und Urteilsstil[21] sind Begriffe für unterschiedliche juristische Arbeitstechniken. In den praxisorientierten Studiengängen an Fachhochschulen, wie z. B. Wirtschaftsprivatrecht oder Betriebswirtschaftslehre, wird meist nicht verlangt, eine Klausur vollständig im Gutachtenstil zu lösen. Dennoch sollten Sie zeigen, dass Sie die Probleme des Falls und deren Gewichtung erkennen. Diese Möglichkeit bietet Ihnen der Gutachtenstil. Beim Gutachtenstil beginnt man mit dem, was man eigentlich prüfen will:

---

[19] Beachten Sie auch hierzu die Hinweise zu den Formalien in der Arbeit.
[20] Zur Klausurtechnik vgl. auch *Junker*, Fälle zum Arbeitsrecht, S. 1 - 25.
[21] Ausführlich zur Unterscheidung von Gutachten- und Urteilsstil *Möllers*, Juristische Arbeitstechnik, § 4 3. d).

„Fraglich ist, ob die Befristung wirksam ist ...?"
„Problematisch ist, ob zwischen Verleiher und Entleiher ein wirksamer Arbeitnehmerüberlassungsvertrag geschlossen wurde."
„Es fragt sich jedoch, ob der Betriebsrat vor Beschäftigung des Leiharbeitnehmers ordnungsgemäß angehört werden muss."

Dann folgen die eigentliche Prüfung und schließlich das Ergebnis, z. B.:

„Somit muss der Betriebsrat nach § 14 III 1 AÜG vor der Übernahme eines Leiharbeitnehmers gemäß § 99 BetrVG beteiligt werden."

Beim Urteilsstil wird das Ergebnis vorangestellt, sodann folgt die eigentliche Prüfung. Entscheidungen von Gerichten sind stets im Urteilsstil verfasst. Dementsprechend lauten die Formulierungen hier:

„Die Befristung ist unwirksam."
„Zwischen Verleiher und Entleiher wurde ein wirksamer Arbeitnehmerüberlassungsvertrag geschlossen."
„Der Betriebsrat des Entleihers muss nach § 14 III 1 AÜG vor der Übernahme eines Leiharbeitnehmers gemäß § 99 BetrVG beteiligt werden."

Gute Klausuren zeichnen sich dadurch aus, dass der Verfasser das juristische „Handwerk" beherrscht und die Probleme und Schwerpunkte der Klausur erkennt. Beginnen Sie daher alle Klausuren mit einem Obersatz, der in die weitere Prüfung einleitet:

„Die Entfristungsklageklage hat Aussicht auf Erfolg, wenn sie zulässig und begründet ist."
„AG könnte gegen AN einen Anspruch auf Schadensersatz gemäß § 10 II AÜG haben."

Unproblematisches oder Unwesentliches können Sie im Urteilsstil lösen:

„Zwischen Verleiher und Leiharbeitnehmer besteht laut Sachverhalt ein Arbeitsvertrag i. S. d. § 611a I BGB."

WICHTIG
In der Klausur dürfen Sie nur zulässige Hilfsmittel verwenden. Skripten, Lehrbücher etc. gehören natürlich nicht dazu. Sie müssen daher in der Lage sein, („nur") mit dem Gesetz zu arbeiten. Die Arbeit mit dem Gesetz lernen Sie aber nur durch Übung. Lesen Sie deshalb jede Norm, die im vorliegenden Skript genannt wird, sorgfältig durch.

B. Geschichte der Arbeitnehmerüberlassung

Bereits in den zwanziger Jahren des letzten Jahrtausends wurden Arbeitnehmer eines Arbeitgebers an andere Arbeitgeber „verliehen". Hierdurch wurde einerseits das Bedürfnis von Arbeitnehmern, eine Arbeitsstelle zu finden, befriedigt. Andererseits führte die Vermittlung von Arbeitsplätzen *„vielfach zur finanziellen Ausbeutung der Arbeitnehmer".*[22]

Mit dem Nachweisgesetz vom 22. Juli 1922[23] wurde ein staatliches Arbeitsvermittlungsmonopol und das Verbot gewerbsmäßiger Arbeitsvermittlung begründet.[24] Auch nach dem 2. Weltkrieg oblag die Arbeitsvermittlung zunächst ausschließlich den Arbeitsämtern.[25]

In der sog. „Adia Interim-Entscheidung" stellte das BVerfG dann allerdings 1967 fest, das Arbeitsvermittlungsmonopol für Arbeitsämter verstoße gegen Art. 12 I 1 GG.[26] Hierauf reagierte der Gesetzgeber 1972 mit dem Erlass des Gesetzes zur Regelung der gewerbsmäßigen Arbeitnehmerüberlassung[27], mit dem eine Erlaubnispflicht der gewerbsmäßigen Arbeitnehmerüberlassung begründet wurde.

---

[22] *Ulrici*, Einleitung zum AÜG Rn. 15.
[23] RGBl. I S. 657 ff.
[24] Ausführlich zur Geschichte der Arbeitnehmerüberlassung Ulber/*Ulber*, AÜG, Einleitung B. Rn. 1 ff.
[25] Vgl. Gesetz zur Änderung und Ergänzung des Gesetzes über Arbeitsvermittlung und Arbeitslosenversicherung vom 23.12.1956, BGBl. I S. 1018.
[26] BVerfG vom 04.04.1967, 1 BvR 126/65.
[27] AÜG vom 07.08.1972, BGBl I S. 1393 ff.

Weitere wichtige Meilensteine in der Entwicklung waren das Arbeitsförderungs-Reformgesetz von 1992[28], das Erste Gesetz zur Änderung des AÜG vom 28.04.2011[29]. Die derzeit letzte große Änderung des Arbeitnehmerüberlassungsrechts erfolgte mit dem am 01.04.2017 in Kraft getretenen AÜG-ÄndG.[30] Neben einer Legaldefinition der Arbeitnehmerüberlassung wurden u. a. eine Überlassungshöchstdauer, das Verbot der verdeckten Arbeitnehmerüberlassung und eine Konkretisierung des Gleichbehandlungsgrundsatzes eingeführt.

---

[28] Gesetz zur Änderung von Fördervoraussetzungen im Arbeitsförderungsgesetz und in anderen Gesetzen vom 18.12.1992, BGBl. I S. 2044.
[29] Erstes Gesetz zur Änderung des Arbeitnehmerüberlassungsgesetzes - Verhinderung von Missbrauch der Arbeitnehmerüberlassung, BGBl I S. 642 ff.
[30] Arbeitnehmerüberlassungsgesetz in der Fassung der Bekanntmachung vom 3. Februar 1995 (BGBl. I S. 158), das zuletzt durch Artikel 1 des Gesetzes vom 21. Februar 2017 (BGBl. I S. 258) geändert worden ist.

C. Grundlagen

I. Begriffsbestimmungen

1. Atypische Arbeitsverhältnisse

Die bei einer Arbeitnehmerüberlassung zwischen Verleiher und Leiharbeitnehmer bestehenden Rechtsbeziehungen gehören zu den sog. atypischen Arbeitsverhältnissen. Hierunter versteht man, vereinfacht gesagt, alle von einem Normalarbeitsverhältnis abweichenden Beschäftigungsverhältnisse. Normalarbeitsverhältnisse (typische Arbeitsverhältnisse) weisen folgende Merkmale auf:

▶ unbefristet,
▶ weisungsgebundene Tätigkeit,
▶ betriebliche Eingliederung,
▶ Vollzeittätigkeit,
▶ existenzsicherndes Einkommen,
▶ Integration in soziale Sicherungssysteme.

Das Statistische Bundesamt versteht unter einem Normalarbeitsverhältnis

> „... ein abhängiges Beschäftigungsverhältnis ..., das in Vollzeit oder in Teilzeit ab 21 Wochenstunden und unbefristet ausgeübt wird. Ein Normalarbeitnehmer arbeitet zudem direkt in dem Unternehmen, mit dem er einen Arbeitsvertrag hat. Bei Zeitarbeitnehmerinnen und -arbeitnehmern, die von ihrem Arbeitgeber – der Zeitarbeitsfirma – an andere Unternehmen verliehen werden, ist das nicht der Fall. ... Arbeitnehmerinnen und

Arbeitnehmer mit Normalarbeitsverhältnis sind voll in die sozialen Sicherungssysteme wie Arbeitslosenversicherung, Rentenversicherung und Krankenversicherung integriert."[31]

Merkmale eines atypischen Arbeitsverhältnisses sind dementsprechend insbesondere:

► fehlendes existenzsicherndes Einkommen,
► fehlende soziale Sicherheitsgarantien,
► fehlende Beteiligungsmöglichkeiten, z. B. fehlende Mitbestimmungsmöglichkeiten und -rechte,
► Beschäftigungs- und Planungsunsicherheit.

2.   Arbeitnehmerüberlassung

Das Arbeitnehmerüberlassungsrecht ist trotz seiner Besonderheiten gegenüber dem allgemeinen Arbeitsrecht für Studierende zunächst einmal ein übersichtliches Rechtsgebiet. Fast alle Regelungen sind im AÜG enthalten. Bei den wenigen Ausnahmen erfolgt i. d. R. ein Hinweis auf andere anzuwendende Vorschriften. Sollten Sie in einer Klausur die zu bearbeitende Problematik nicht kennen, können Sie daher oftmals durch „schlichtes" Lesen des AÜG Ansatzpunkte für die Lösung finden. Auch insoweit gilt also: Lesen Sie jede Vorschrift, Sie lernen so automatisch den Umgang mit dem Gesetz!

---

[31] Statistisches Bundesamt, www.destatis.de/DE/ZahlenFakten/GesamtwirtschaftUmwelt/Arbeitsmarkt/Methoden/Normalarbeitsverhaeltnis.html (abgerufen am 25.02.2019)

Dies gilt auch für die Bestimmung des Begriffs der Arbeitnehmerüberlassung. § 1 I 1 AÜG enthält hierzu eine Legaldefinition. Eine
Arbeitnehmerüberlassung liegt vor, wenn ein Arbeitgeber (Verleiher) Dritten (Entleiher) Arbeitnehmer (Leiharbeitnehmer) im Rahmen ihrer wirtschaftlichen Tätigkeit zur Arbeitsleistung überlassen. Hierfür bedarf der Verleiher einer Erlaubnis. Oftmals finden
Sie auch die Begriffe Leiharbeit oder Zeitarbeit. Inhaltlich bestehen zur o. g. Definition jedoch keine Unterschiede.[32]

Keine Arbeitnehmerüberlassung liegt in den in § 1 Ia AÜG genannten Fällen vor.[33]

II. Zweck des AÜG

Das AÜG dient zunächst der Schaffung rechtlicher Rahmenbedin-
gungen, die den Anforderungen eines Sozialstaats genügen.

---

[32] Seitens der Gewerkschaften wird eher von Leiharbeit gesprochen. Auch im
Gesetz findet sich der Begriff des „Leiharbeitnehmers". Mit den §§ 598 ff BGB
hat dies natürlich nichts zu tun. Zeitarbeitsfirmen empfinden den Begriff „Leiharbeit" oft als abwertend; vgl. Ulrici, Einleitung zum AÜG Rn. 2; www.rand-
stad.de/ueber-randstad/branche-zeitarbeit/begrifflichkeit-zeitarbeit-leiharbeit
(abgerufen am 25.02.2019). Teilweise wird unterschieden in echtes (wenn der
Arbeitnehmer nur gelegentlich einem Dritten überlassen wird, ohne dass der Arbeitnehmer zu diesem Zweck eingestellt wurde) und unechtes Leiharbeitsverhältnis (wenn der Arbeitnehmer in erster Linie angestellt wurde, um ihn einem
Dritten zur Arbeitsleistung zu überlassen). Auf die unechte Leiharbeit ist das
AÜG anwendbar. Im Folgenden geht es daher nur um unechte Leiharbeitsver-
hältnisse; zur Unterscheidung vgl. weitergehend Staudinger/*Richardi*, P. XIII.
Rn. 173.
[33] Die in § 1 Ia AÜG genannten Arbeitsgemeinschaften werden z. B. von Bauun-
ternehmen zur Ausführung komplexer Bauarbeiten (Autobahnausbau etc.) gebil-
det. Ausführlich zu § 1 Ia AÜG ErfK/*Wank*, § 1 AÜG Rn. 59 ff.

Wichtigstes Mittel zur Erreichung dieses Zwecks ist ein präventives Verbot der Arbeitnehmerüberlassung mit Erlaubnisvorbehalt. Arbeitnehmerüberlassung ist grundsätzlich verboten, es denn, der Verleiher verfügt über eine entsprechende Erlaubnis.[34]

Darüber hinaus soll das AÜG einen angemessenen Ausgleich zwischen dem Interesse von Arbeitgebern an einer Flexibilisierung der Arbeitsleistung und den Schutzbedürfnissen der Leiharbeitnehmer sicherstellen. Hierzu gehört auch, dass durch das Instrument der Arbeitnehmerüberlassung keine dauerhafte Verdrängung von Stammarbeitnehmern eines Unternehmens stattfindet.[35]

III. Wirtschaftliche Bedeutung der Arbeitnehmerüberlassung

Während 1991 noch 131.000 Personen in einem Leiharbeitsverhältnis tätig waren, sind es 2017 bereits 1.034.000.[36] Zum 31.06.2016 standen 78% der Leiharbeitnehmer in einem sozialversicherungspflichtigen Beschäftigungsverhältnis, 15% in Teilzeit und 7% waren geringfügig beschäftigt.[37]

Ende 2017 gab es in Deutschland ca. 51.000 Verleiherbetriebe. Die drei größten Unternehmen sind die Randstad Deutschland

---

[34] Vgl. § 1 I 1 AÜG und weitergehend Thüsing/*Thüsing*, Einführung Rn. 14 f.
[35] So z. B. Schüren/*Hamann*, § 1 AÜG Rn. 302, 325.
[36] Zahlen aus www.boeckler.de/53499.htm (abgerufen am 25.02.2019)
[37] Zahlen aus Bundesagentur für Arbeit, Aktuelle Entwicklungen in der Zeitarbeit, S. 8.

GmbH & Co. KG, die Adecco Germany Holding SA & Co. KG und die Manpower Group Germany.[38]

IV. Gründe für Arbeitnehmerüberlassung

Aus Sicht der Entleiher sind die wichtigsten Gründe für den Einsatz von Leiharbeitnehmern die Möglichkeiten einer schnellen Reaktion auf Auftragsschwankungen durch einen flexiblen Personaleinsatz, eine Senkung von Personalkosten sowie eine „Erprobung" von Beschäftigten.[39]

Für Leiharbeitnehmer ist eine Tätigkeit in der Arbeitnehmerüberlassung oft verbunden mit der Hoffnung auf eine spätere Anstellung beim Entleiher (sog. Klebeeffekt). Weitere Gründe sind z. B. der Wunsch nach abwechslungsreicher Arbeit und die Überbrückung bis zu einem späteren, schon feststehenden Arbeitsverhältnis.

---

[38] Lünendonk Studie Zeitarbeit 2016, Randstad Research & CRM.
[39] Vgl. www.zeitarbeit24.de/blog/wie-wichtig-ist-zeitarbeit-für-die-deutsche-wirtschaft, (abgerufen am 25.02.2019).

V.   Rechtsbeziehungen der Beteiligten

Die Arbeitnehmerüberlassung ist gekennzeichnet durch das in § 1 I 1 AÜG beschriebenen Dreiecksverhältnis:

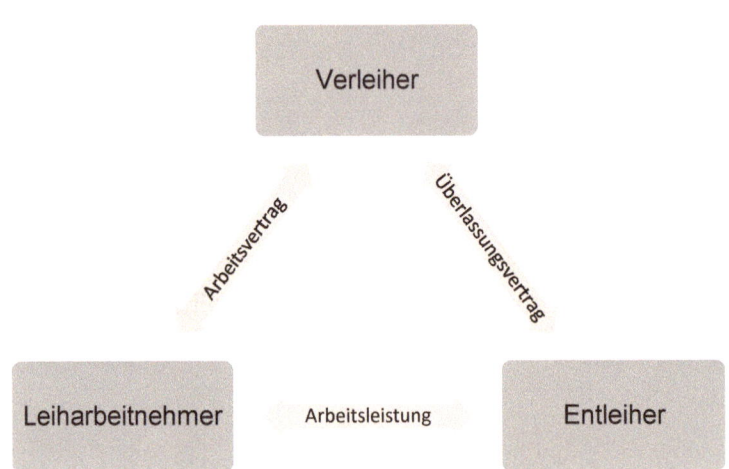

Zwischen dem Arbeitgeber i. S. d. § 1 I 1 AÜG (Verleiher, Zeitarbeitsfirma, Arbeitnehmerüberlassungsfirma) und dem Leiharbeitnehmer besteht ein Arbeitsverhältnis i. S. d. § 611a I BGB. Der Verleiher stellt einem Dritten, dem Entleiher, die Arbeitsleistung seiner Arbeitnehmer zur Verfügung. Zu diesem Zweck schließen Verleiher und Entleiher einen Arbeitnehmerüberlassungsvertrag. Der Leiharbeitnehmer erbringt seine Arbeitsleistung beim Entleiher. Leiharbeitnehmer ist jeder, der auch Arbeitnehmer sein kann.[40]

---

[40] Zu den Einzelheiten der Rechtsbeziehungen und den sich daraus ergebenden Rechtsfolgen siehe Kapitel E.

D. Voraussetzungen der Arbeitnehmerüberlassung

I. Überblick

Die allgemeinen Voraussetzungen für eine rechtmäßige bzw. wirksame Arbeitnehmerüberlassung sind in § 1 AÜG geregelt. Dies sind:

► das Vorliegen einer Arbeitnehmerüberlassungserlaubnis (§ 1 I 1 AÜG),

► eine Überlassung des Leiharbeitnehmers an den Entleiher zur Arbeitsleistung, (§ 1 I 2 AÜG),

► das Bestehen eines Arbeitsverhältnisses zwischen Verleiher und Leiharbeitnehmer (§ 1 I 3 AÜG),

► eine nur vorübergehende Überlassung (§§ 1 I 4, Ib AÜG),

► die Erfüllung von bestimmten Bezeichnungs- und Konkretisierungspflichten (§ 1 I 5, 6 AÜG).

II. Erlaubnispflichtigkeit nach § 1 I 1 AÜG

1. Präventives Verbot mit Erlaubnisvorbehalt

Die Erlaubnispflichtigkeit einer Arbeitnehmerüberlassung als präventives Verbot mit Erlaubnisvorbehalt ergibt sich aus § 1 I 1 AÜG. Die Überlassung von Arbeitnehmern durch einen Verleiher an einen Entleiher ist also grundsätzlich verboten, es denn, der Verleiher verfügt über eine Erlaubnis hierzu.

Der Antrag auf Erteilung einer Erlaubnis ist gemäß §§ 1 I 1, 17 I 1 AÜG bei der Bundesagentur für Arbeit zu stellen. Im Einzelnen zuständig sind dann, je nach Bundesland, die Agenturen für Arbeit in Düsseldorf, Kiel und Nürnberg.[41] I. d. R. wird die Erlaubnis zunächst nur für ein Jahr erteilt, § 2 IV AÜG. Gemäß § 2 V AÜG kann sie unbefristet erteilt werden, wenn der Verleiher drei aufeinanderfolgende Jahre lang nach § 1 AÜG erlaubt tätig war. Die für einen Antrag zu entrichtenden Gebühren und Auslagen ergeben sich aus § 2a AÜG i. V m. der Verordnung über die Kosten der Erlaubnis zur Arbeitnehmerüberlassung (Arbeitnehmerüberlassungserlaubnis-Kostenverordnung - AÜKostV).

Eine Versagung der Erlaubnis kann aus folgenden Gründen erfolgen:

▶ der Verleiher weist nicht die erforderliche Zuverlässigkeit auf (§ 3 I Nr. 1 AÜG),
▶ der Verleiher ist nach seiner Betriebsorganisation nicht in der Lage, die üblichen Arbeitgeberpflichten ordnungsgemäß zu erfüllen (§ 3 I Nr. 2 AÜG),
▶ bei einem Verstoß gegen den in § 8 AÜG genannten Grundsatz der Gleichstellung der Leiharbeitnehmer (§ 3 I Nr. 3 AÜG),
▶ bei den in § 3 II - V AÜG beschriebenen Fällen mit Auslandsbezug.

---

[41] www.arbeitsagentur.de/unternehmen/personalfragen/arbeitnehmerueberlassung (abgerufen am 14.02.2019)

Beachte

Lesen Sie nochmals § 3 I und II AÜG einerseits (*„ist zu versagen"*) und § 3 III AÜG andererseits (*„kann versagt werden"*). Aus dem Öffentlichen Recht wird Ihnen der Unterschied zwischen sog. gebundenen Entscheidungen und Ermessensentscheidungen sicherlich noch bekannt sein.[42]

Die §§ 4, 5 AÜG regeln die Möglichkeiten der Rücknahme bzw. des Widerrufs einer erteilten Erlaubnis, jeweils mit Wirkung für die Zukunft.

Beachte

§ 4 AÜG betrifft die Rücknahme einer (von Anfang an) rechtswidrig erteilten Erlaubnis, § 5 AÜG den Widerruf einer ursprünglich rechtmäßigen Erlaubnis.[43]

Nach Erteilung der Erlaubnis unterliegen Verleiher gegenüber der Bundesanstalt für Arbeit den sich aus § 7 AÜG ergebenden Anzeige- und Auskunftspflichten.

2. Besondere Einschränkungen im Baugewerbe

Während also grundsätzlich eine Arbeitnehmerüberlassung nur mit einer Erlaubnis zulässig ist, ordnet § 1b AÜG weitere Einschränkungen der Arbeitnehmerüberlassung für Betriebe des Baugewerbes für Arbeiten an, die üblicherweise von Arbeitern

---

[42] Auf Einzelheiten, Ausnahmen etc. zu dieser Einteilung kann hier nicht eingegangen werden.
[43] Auch die Unterschiede zwischen Rücknahme und Widerruf werden Sie aus dem Verwaltungsrecht kennen.

verrichtet werden.[44] Hintergrund dieser Regelung sind die besonderen Umstände in der Baubranche und die damit verbundenen Missbrauchsgefahren. Nur unter den in § 1b AÜG genannten Voraussetzungen kann eine Arbeitnehmerüberlassung ausnahmsweise zulässig sein.

3. Ausnahmen von der Erlaubnispflichtigkeit
a. § 1 III AÜG

In § 1 III AÜG werden sog. Bereichsausnahmen beschrieben. Auf eine Arbeitnehmerüberlassung sind in den dort genannten Fällen nur § 1b S. 1, § 16 I Nr. 1f und § 16 II bis V AÜG sowie §§ 17, 18 AÜG anzuwenden. Der Verleiher benötigt bei Vorliegen dieser Voraussetzungen also keine Arbeitnehmerüberlassungserlaubnis.

Die meisten dieser Ausnahmen erschließen sich durch bloßes Studium des Gesetzestextes. Die Nr. 1 betrifft Arbeitnehmerüberlassung zur Vermeidung von Kurzarbeit und Entlassungen, Nr. 2 Arbeitnehmerüberlassung innerhalb von Konzernen,[45] Nr. 2b und Nr. 2c Besonderheiten des öffentlichen Dienstes und Nr. 3 die Arbeitnehmerüberlassung in das Ausland.

Problematisch ist, was unter einer „gelegentlichen" Überlassung i. S. d. § 1 III Nr. 2a AÜG zu verstehen ist. Nach der wohl. h. M. fällt hierunter die nicht planmäßige Überlassung, die bei einem beson-

---

[44] Es handelt sich um ein gesetzliches Verbot. Bei einem Verstoß sind die Verträge nach § 134 BGB nichtig; so ErfK/*Wank*, § 1b AÜG, Rn. 6.
[45] Die Europarechtskonformität dieser Regelungen ist umstritten; nach Wank in ErfK/*Wank*, § 1 AÜG Rn 86, verstößt die Norm gegen Unionsrecht.

deren Beschäftigungsbedarf erfolgt und bei der keine Wiederho-
lungsgefahr besteht.[46] Auch ausweislich des Gesetzesentwurfs
der Bundesregierung zum Entwurf eines Ersten Gesetzes zur Änderung des Arbeitnehmerüberlassungsgesetzes vom
17.02.2011[47] sind an diese Ausnahme strenge Anforderungen zu
stellen. Erfasst werden nur ausnahmsweise auftretende Überlas-
sungsfälle zur *„Abdeckung eines kurzfristigen Spitzenbedarfs eines anderen Unternehmens"*.[48]

b.   § 1a AÜG

Auch in den Fällen des § 1a AÜG benötigt ein Arbeitgeber keine
Erlaubnis. Stattdessen ist lediglich eine Anzeige bei der Bundesagentur für Arbeit ausreichend. Aufgrund des Wortlauts *„einen
Arbeitnehmer, der nicht zum Zweck der Überlassung eingestellt
und beschäftigt wird"* gilt die Vorschrift nicht für Arbeitgeber, die
über eine Arbeitnehmerüberlassungserlaubnis verfügen.[49]

Sind die Voraussetzungen des § 1a AÜG nicht erfüllt, werden Arbeitnehmer aber dennoch einem anderen überlassen, handelt es
sich um eine erlaubnispflichtige Überlassung i. S. d. § 1 I 1 AÜG.

---

[46] Vgl. Fachliche Weisungen, 1.4.3
[47] Drucksache 17/4804 vom 17.02.2011
[48] Drucksache 17/4804 vom 17.02.2011, S. 8.
[49] Vgl. ErfK/*Wank*, § 1a AÜG Rn. 2, 6.

4. Fehlen einer Erlaubnis

Überlässt ein Verleiher einem Dritten einen Leiharbeitnehmer, ohne über die nach § 1 I 1 AÜG erforderliche Erlaubnis zu verfügen, ist sowohl sein Vertrag mit dem Leiharbeitnehmer als auch sein Vertrag mit dem Entleiher nach § 9 I Nr. 1 AÜG unwirksam, es sei denn, der Leiharbeitnehmer erklärt, an dem Arbeitsvertrag mit dem Verleiher festhalten zu wollen. Gibt der Leiharbeitnehmer eine solche Erklärung nicht ab, gilt gemäß § 10 I 1 AÜG zwischen ihm und dem Entleiher ein Arbeitsverhältnis als zustande gekommen. Einzelheiten hierzu werden in Kapitel E. dargestellt.

III. Überlassung zur Arbeitsleistung, § 1 I 2 AÜG

Gemäß § 1 I 2 AÜG werden Arbeitnehmer vom Verleiher an den Entleiher zur Arbeitsleistung überlassen, wenn sie in die Arbeitsorganisation des Entleihers eingegliedert sind und seinen Weisungen unterliegen. Arbeitnehmer können aber auch aufgrund anderer Rechtsgrundlagen Arbeitsleistungen bei einem Dritten erbringen. Es stellt sich daher die Frage, wie die Arbeitnehmerüberlassung von anderen drittbezogenen Arten der Personalgestellung abzugrenzen ist. Besondere praktische Bedeutung hat die Abgrenzung zum Werkvertrag und zu Tätigkeiten in einem Gemeinschaftsbetrieb.

1. Allgemeines

Beispiel

Ein Unternehmen schließt mit einer IT-Firma einen als Werkvertrag zur Erbringung von IT-Support-Leistungen bezeichneten Vertrag. Ein bei der IT-Firma beschäftigter Arbeitnehmer arbeitet in verschiedenen Abteilungen des Unternehmens jeweils als „Local-Techniker". Er ist in die Betriebsorganisation des Unternehmens eingegliedert und erhält direkte Arbeitsanweisungen, konkrete zeitliche Vorgaben sowie Terminseinladungen zu Besprechungen unmittelbar von Mitarbeitern des Unternehmens.[50]

Ist der Arbeitnehmer auf der Grundlage des Werkvertrags gemäß §§ 631 ff BGB tätig oder wird er nicht vielmehr von der IT-Firma (als Verleiher) dem Unternehmen (als Entleiher) zur „Arbeitsleistung überlassen"? Handelt es sich um einen sog. Scheinwerkvertrag?

Zum Verständnis und zur Lösung dieser Abgrenzungsproblematik hilft zunächst nochmals die Überlegung, warum Unternehmen überhaupt Fremdpersonal anstatt eigene Arbeitnehmer einsetzen. Sie haben hierdurch die Möglichkeit, auf Auftragsschwankungen schnell und ohne größere arbeitsrechtliche Risiken zu reagieren. Gäbe es diese Möglichkeit nicht, müssten Unternehmen bei einem Auftragsrückgang gfl. Arbeitnehmer entlassen und bei Auftragsspitzen Arbeitnehmer neu einstellen.[51] Hieran schließt

---

[50] Sachverhalt angelehnt an LAG Baden-Württemberg vom 01.08.2013, 2 Sa 6/13.
[51] Bei der Entlassung bestünde stets das Risiko von Kündigungsschutzklagen. Die Rekrutierung und Einstellung neuer, geeigneter Arbeitnehmer nimmt oftmals mehrere Monate in Anspruch.

sich dann die weitere Frage an, ob sie diesen Bedarf an „Fremd-personal" über Werkverträge oder mittels Arbeitnehmerüberlassung decken wollen. Welche Vor- und Nachteile bzw. Eigenschaften haben die jeweiligen Konstruktionen für Verleiher/Auftragnehmer und Entleiher/Auftraggeber?

Arbeitnehmerüberlassung

Verleiher	Entleiher
► eigene AN	► keine eigenen AN
► Erlaubnis erforderlich	► §§ 13, 13a, 13b AÜG
► § 1 I 5, 6 AÜG	► Beteiligung BR, § 14 III AÜG
► zeitl. Beschränkung auf 18 Mon., § 1 Ib AÜG	► zeitl. Beschränkung auf 18 Mon., § 1 Ib AÜG
► § 8 AÜG, equal pay, equal treatment	► bei Streik § 11 V AÜG

Werkvertrag

Auftragnehmer	Auftraggeber
► eigene AN	► keine eigenen AN
► keine Erlaubnis erforderlich	► Zahlung des vereinbarten Werklohns
► § 8 AÜG nicht anwendbar	
► keine zeitl. Beschränkung des Einsatzes	► zeitl. unbeschränktes Tätig-werden "fremder" AN
► Möglichkeit, Subunternehmer einzusetzen	► keine Beteiligung BR erforderlich
► freie Wahl der einzusetzenden AN	► keine weiteren Pflichten ggü. "fremde" AN

Wie den obigen Darstellungen zu entnehmen ist, weist der Werkvertrag zahlreiche Vorteile gegenüber der Arbeitnehmerüberlassung auf. Hierzu gehört insbesondere, dass der Auftragnehmer (Verleiher) keine Arbeitnehmerüberlassungserlaubnis benötigt und nicht an den Gleichstellungsgrundsatz des § 8 AÜG gebunden ist. Er könnte also, soweit tarifvertragliche Regelungen nichts anderes vorschreiben, seinen Arbeitnehmern lediglich den gesetzlichen Mindestlohn zahlen. Zudem hat er die Möglichkeit zur Beauftragung von Subunternehmen. Der Einsatz von Arbeitnehmern beim Auftraggeber unterliegt auch keinen zeitlichen Beschränkungen. Auf Seiten des Auftraggebers (Entleihers) wirkt sich besonders vorteilhaft aus, dass er nur den vereinbarten Werklohn zahlen muss, ohne an gesetzliche Vorgaben gebunden zu sein. Er kann zeitlich unbeschränkt die Tätigkeit fremder Arbeitnehmer nutzen und muss seinen Betriebsrat vor der Beschäftigung nicht nach § 14 AÜG, insbesondere § 14 III AÜG, beteiligen.

Diese Vorteile führen allerdings für die Arbeitnehmerseite zu entsprechenden Nachteilen. Dies sind u. a.:

Nachteile für Arbeitnehmer

Arbeitnehmerüberlassung	Werkvertrag
▶ zeitl. beschränkte Tätigkeiten bei wechselnden Entleihern	▶ kein Anspruch auf wesentl. Arbeitsbedingungen wie AN bei Auftraggeber
▶ Anspruch auf wesentl. Arbeitsbedingungen wie AN bei Entleiher unter Vor. des § 8 AÜG	▶ kein "Schutz" durch BR bei Auftraggeber
▶ nur eingeschränkter "Schutz" durch BR beim Entleiher	▶ sofern als Subunternehmer tätig, kein Anspruch auf Tarif- oder Mindestlohn

2.　Abgrenzungskriterien

Nach dem Wortlaut des § 1 I 2 AÜG werden Arbeitnehmer zur Arbeitsleistung überlassen, wenn sie in die Arbeitsorganisation des Entleihers eingegliedert sind und seinen Weisungen unterliegen.

„Eingegliedert ist, wer eine ihrer Art nach weisungsgebundene Tätigkeit verrichtet, die der Arbeitgeber organisiert ... . Der Beschäftigte muss so in die betriebliche Arbeitsorganisation integriert sein, dass der Arbeitgeber das für ein Arbeitsverhältnis typische Weisungsrecht innehat und die Entscheidung über den Einsatz nach Inhalt, Ort und Zeit trifft. Der Betriebsinhaber muss diese Arbeitgeberfunktion wenigstens im Sinn einer aufgespaltenen Arbeitgeberstellung teilweise ausüben ... . Es kommt darauf an, ob ihm Weisungsbefugnisse zustehen und

*er in diesem Sinn eine betriebsverfassungsrechtlich relevante
(und sei es partielle) Arbeitgeberstellung einnimmt.*[52]

Indizien für die Erfüllung des Tatbestandsmerkmals der Eingliederung sind danach z. B.:

▶ Arbeitet der Leiharbeitnehmer mit Arbeitnehmern des Entleihers zusammen?

▶ Werden dem Leiharbeitnehmer vom Entleiher die erforderlichen Arbeitsmaterialien zur Verfügung gestellt?

3. Abgrenzung zum Werkvertrag

Die erhebliche praktische Bedeutung der Abgrenzung der Arbeitnehmerüberlassung zu anderen drittbezogenen Arten der Personalgestellung, insbesondere zum Werkvertrag, ergibt sich aus folgender Überlegung. Schließen die Parteien einen Werkvertrag, handelt es sich tatsächlich aber um Arbeitnehmerüberlassung, greift die gesetzliche Fiktion der §§ 9 I Nr. 1, 10 I AÜG ein. Diese hat zur Folge, dass ein Arbeitsverhältnis zwischen Auftraggeber (Entleiher) und Leiharbeitnehmer als zustande gekommen gilt. Vor der Neufassung des AÜG zum 01.04.2017 konnten die Parteien diese Rechtsfolge vermeiden, indem der Auftragnehmer (im obigen Fall die IT-Firma) vorsorglich eine Arbeitnehmerüberlassungserlaubnis hatte. Handelte es sich, wie vereinbart, um einen Werkvertrag, bestanden ohnehin keine Probleme. Stellte sich bei einer rechtlichen Prüfung der Konstruktion aber heraus, dass tat-

---

[52] BAG vom 13.12.2006, 1 ABR 59/14.

sächlich eine Arbeitnehmerüberlassung vorlag, griff die vorsorglich eingeholte Arbeitnehmerüberlassungserlaubnis. Man sprach insoweit von einer „Fallschirmlösung".

Nach der Neufassung des AÜG hilft diese „Fallschirmlösung" nicht mehr. Nach § 1 I 5 AÜG muss der Vertrag ausdrücklich als Arbeitnehmerüberlassung bezeichnet sein. Gemäß § 1 I 6 AÜG muss die Person des Leiharbeitnehmers unter Bezug auf den Vertrag konkretisiert, also namentlich benannt werden. Da in einem als Werkvertrag bezeichneten Rechtsverhältnis diese Voraussetzungen nicht erfüllt sind, kann eine vorsorglich eingeholte Arbeitnehmerüberlassungserlaubnis den Eintritt der Rechtsfolgen der §§ 9 I Nr. 1a, 10 I 1 AÜG nicht verhindern.

Wie ist nun die Arbeitnehmerüberlassung vom Werkvertrag abzugrenzen? Nach der Rechtsprechung des BAG ist die Arbeitnehmerüberlassung dadurch gekennzeichnet,

„... daß dem Entleiher Arbeitskräfte zur Verfügung gestellt werden, die er seinen Vorstellungen und Zielen gemäß in seinem Betrieb wie eigene Arbeitnehmer einsetzt. Die entliehenen Arbeitskräfte sind vollständig in den Betrieb des Entleihers eingegliedert und führen ihre Arbeiten allein nach dessen Weisungen durch. Dagegen beschränkt sich die Vertragspflicht des Verleihers auf die Auswahl des Arbeitnehmers. Sie endet, sobald er dem Entleiher die Arbeitskraft zur Verfügung gestellt hat. Er haftet nur für das Verschulden bei der Auswahl des Arbeitnehmers. Im Gegensatz dazu wird bei einem Werk- und Dienstvertrag ein Unternehmer für einen anderen tätig. Er organisiert die zur Errichtung eines wirtschaftlichen Erfolges notwendigen Handlungen nach eigenen betrieblichen Voraussetzungen. Für die Erfüllung der vertraglichen Dienste und des

vertraglich geschuldeten Werkes bleibt er seinem Auftraggeber gegenüber verantwortlich. Die zur Ausführung der vertraglich geschuldeten Leistung eingesetzten Arbeitnehmer unterliegen als Erfüllungsgehilfen des Werkunternehmers dessen Weisungsbefugnis. Der Werkbesteller kann dem Werkunternehmer oder dessen Erfüllungsgehilfen lediglich solche Anweisungen erteilen, die sich auf die Ausführung des Werkes beziehen."[53]

In einer neueren Entscheidung führt das BAG aus:

„Nach ständiger Rechtsprechung des Bundesarbeitsgerichts ist nicht jeder drittbezogene Arbeitseinsatz eine Arbeitnehmerüberlassung iSd. AÜG. Diese ist vielmehr durch eine spezifische Ausgestaltung der Vertragsbeziehungen zwischen Verleiher und Entleiher einerseits (dem Arbeitnehmerüberlassungsvertrag) und zwischen Verleiher und Arbeitnehmer andererseits (dem Leiharbeitsvertrag) sowie durch das Fehlen einer arbeitsvertraglichen Beziehung zwischen Arbeitnehmer und Entleiher gekennzeichnet. Notwendiger Inhalt eines Arbeitnehmerüberlassungsvertrags ist die Verpflichtung des Verleihers gegenüber dem Entleiher, diesem zur Förderung von dessen Betriebszwecken Arbeitnehmer zur Verfügung zu stellen. Die Vertragspflicht des Verleihers gegenüber dem Entleiher endet, wenn er den Arbeitnehmer ausgewählt und ihn dem Entleiher zur Verfügung gestellt hat.

Von der Arbeitnehmerüberlassung zu unterscheiden ist die Tätigkeit eines Arbeitnehmers bei einem Dritten aufgrund eines Werk- oder Dienstvertrags. In diesen Fällen wird der Unternehmer für einen anderen tätig. Er organisiert die zur Erreichung eines wirtschaftlichen Erfolgs notwendigen Handlungen nach eigenen betrieblichen Voraussetzungen und bleibt für die Erfüllung der in dem Vertrag vorgesehenen Dienste oder für die

---

[53] BAG vom 06.08.1997, 7 AZR 663/96.

Herstellung des geschuldeten Werks gegenüber dem Drittunternehmen verantwortlich. Die zur Ausführung des Dienst- oder Werkvertrags eingesetzten Arbeitnehmer unterliegen den Weisungen des Unternehmers und sind dessen Erfüllungsgehilfen. Der Werkbesteller kann jedoch, wie sich aus § 645 Abs. 1 Satz 1 BGB ergibt, dem Werkunternehmer selbst oder dessen Erfüllungsgehilfen Anweisungen für die Ausführung des Werks erteilen. Entsprechendes gilt für Dienstverträge. Solche Dienst- oder Werkverträge werden vom AÜG nicht erfasst.

Über die rechtliche Einordnung des Vertrags zwischen dem Dritten und dem Arbeitgeber entscheidet der Geschäftsinhalt und nicht die von den Parteien gewünschte Rechtsfolge oder eine Bezeichnung, die dem tatsächlichen Geschäftsinhalt nicht entspricht. Die Vertragschließenden können das Eingreifen zwingender Schutzvorschriften des AÜG nicht dadurch vermeiden, dass sie einen vom Geschäftsinhalt abweichenden Vertragstyp wählen."[54]

Zur weiteren Abgrenzung können auch die „Fachlichen Weisungen Arbeitnehmerüberlassungsgesetz (AÜG)" der Bundesagentur für Arbeit[55] herangezogen werden. In diesen wird zunächst ebenfalls darauf hingewiesen, dass eine Beurteilung nicht schematisch, sondern nur unter Wertung der Gesamtumstände erfolgen dürfe. Zwar gelte grundsätzlich die von den Parteien gewählte Vertragsbezeichnung. Weiche diese jedoch von der tatsächlichen Durchführung ab, sei gemäß § 12 I 2 AÜG letztere maßgebend. Elemente eines Werkvertrags seien insbesondere:

---

[54] BAG vom 20.09.2016, 9 AZR 735/15.
[55] In der Fassung vom 01.04.2017.

▶ Vereinbarung eines bestimmten, vom Auftragnehmer geschuldeten Werkerfolgs,

▶ grundsätzliche Freiheit des Auftragnehmers, wie er diesen Erfolg erreicht,

▶ grundsätzlich kein Weisungsrecht des Auftraggebers gegenüber den Arbeitnehmern des Auftragnehmers,

▶ Bindung an die gesetzlichen Gewährleistungsvorschriften,

▶ Vergütung des Auftragnehmers nur bei Eintritt des geschuldeten Erfolgs.[56]

Indizien gegen das Vorliegen eines Werkvertrags sind z. B.:

▶ „künstliche" Zergliederung der Werkleistung in Einzelleistungen,

▶ die Leistung weist keine Erfolgsbezogenheit auf (Schreibarbeiten etc.).[57]

Anhand dieser Kriterien erfolgt die Prüfung, ob ein Werkvertrag oder Arbeitnehmerüberlassung vorliegt, in drei Stufen:

▶ 1. Stufe: Wie haben die Parteien den Vertrag bezeichnet?

▶ 2. Stufe: Wie ist die tatsächliche Durchführung des Vertrags?

▶ 3. Stufe: Gesamtbetrachtung aller Umstände des Einzelfalls.[58]

---

[56] Zum Vorstehenden vgl. Fachliche Weisungen, 1.1.6.1.
[57] Ähnlich die Kriterien in Fachliche Weisungen, 1.1.6.1.
[58] Vgl. weitergehend BAG vom 18.01.2012, 7 AZR 723/10; BAG vom 27.6.2017, 9 AZR 133/16.

Erweist sich der als Werkvertrag bezeichnete Vertrag tatsächlich als Arbeitnehmerüberlassung, greifen die o. g. Rechtsfolgen ein.[59]

4. Abgrenzung zum Gemeinschaftsbetrieb

Da der Einsatz von Fremdpersonal im Rahmen eines Werkvertrags erhebliche Risiken mit sich bringen kann, suchen Unternehmen nach anderen Möglichkeiten, flexibel auf Auftragsschwankungen zu reagieren.

Beispiel
GmbH1 und GmbH2 vereinbaren, künftig als gemeinsamer Betrieb unter einheitlicher Leitung ihre Betriebsmittel sowie ihre Arbeitnehmer einzusetzen. Die einheitliche gemeinsame Leitung soll die wesentlichen Arbeitgeberfunktionen wahrnehmen und insbesondere für alle personellen Angelegenheiten zuständig sein. Dementsprechend wird ein Arbeitnehmer zunächst bei der GmbH1, dann bei der GmbH2 eingesetzt. Der Arbeitnehmer ist der Auffassung, der Einsatz bei der GmbH2 sei eine Arbeitnehmerüberlassung.

Nach der Rechtsprechung liegt ein Gemeinschaftsbetrieb mehrerer rechtlich selbstständiger Unternehmen vor,

„... wenn sich die beteiligten Unternehmen zur gemeinsamen Führung des Betriebs rechtlich verbunden und einen einheitlichen Leitungsapparat zur Erfüllung der in der organisatorischen Einheit zu verfolgenden arbeitstechnischen Zwecke geschaffen haben. Dabei müssen die Arbeitgeberfunktionen in den sozialen und personellen Angelegenheiten ... institutionell

---

[59] Die Kriterien können weitgehend auch zur Abgrenzung von anderen Formen drittbezogener Personalgestellung herangezogen werden; vgl. ErfK/*Wank*, § 1 AÜG Rn. 32 m. w. Nw., Fachliche Weisungen, 1.1.6.3.

einheitlich für die beteiligten Unternehmen sein. Diese einheitliche Leitung muss sich auf die wesentlichen Arbeitgeberfunktionen in den sozialen und personellen Angelegenheiten ... erstrecken."[60]

Seien die Voraussetzungen für einen Gemeinschaftsbetrieb erfüllt, schließe dies eine Arbeitnehmerüberlassung aus. Das AÜG wolle dem besonderen Schutzbedürfnis des Leiharbeitnehmers Rechnung tragen. Dieser sei einem hohen Lohnrisiko und einem geringen Bestandsschutz seines Arbeitsverhältnisses ausgesetzt. Dieser Schutz sei aber für Arbeitnehmer eines Gemeinschaftsbetriebs nicht in diesem ausgeprägten Maße erforderlich. Dessen Lage entspreche nicht der eines typischen Leiharbeitnehmers. Der Arbeitnehmer eines Gemeinschaftsbetriebs werde in seinem eigenen Betrieb, dem Gemeinschaftsbetrieb, eingesetzt. Er werde also nicht an ständig wechselnde Entleiherbetriebe verliehen, für ihn bestehe nicht die Gefahr ständig wechselnder Vergütungs- und Arbeitsbedingungen. Für ihn finde auch kein Wechsel der betrieblichen Ansprechpartner und der Ansprechpartner aus der Mitbestimmung statt. Der wesentliche Unterschied zur Arbeitnehmerüberlassung sei daher, dass der Arbeitnehmer sich nicht dem Weisungsrecht eines fremden Arbeitgebers ausgesetzt sehe, sondern durch die einheitliche Führung und Personalleitung seine Rechte in ausreichendem Maß gewahrt blieben.[61] Da im obigen Fall ein Gemeinschaftsbetrieb vorliegt, ist die Auffassung des Arbeitnehmers unzutreffend.

---

[60] LAG Rheinland-Pfalz vom 01.02.2018, 4 Sa 136/17 unter Hinweis auf die Entscheidung des BAG vom 03.12.1997, 7 AZR 764/96.
[61] So die weitergehende Begründung des LAG Rheinland-Pfalz vom 01.02.2018, 4 Sa 136/17.

Beachte

Die Bildung eines Gemeinschaftsbetriebs kann ein Mittel zur Flexibilisierung des Personaleinsatzes sein. Allerdings sind die hierdurch erzielten Vorteile sorgfältig mit den sich z. B. aus dem Kündigungsschutzrecht ergebenden Nachteile abzuwägen. So ist etwa bei einer betriebsbedingten Kündigung die Sozialauswahl bezüglich aller im Gemeinschaftsbetrieb tätigen (vergleichbaren) Arbeitnehmer durchzuführen.

IV. Arbeitsvertrag zwischen Verleiher und Leiharbeitnehmer, § 1 I 3 AÜG

Gemäß § 1 I 3 AÜG ist eine Arbeitnehmerüberlassung nur zulässig, soweit zwischen Verleiher und Leiharbeitnehmer ein Arbeitsverhältnis besteht. Hierdurch soll ein sog. Ketten-, Zwischen- oder Weiterverleih verhindert werden.

Beispiel

AG1 (Entleiher) schließt mit einem Verleiher einen Arbeitnehmerüberlassungsvertrag. Ein Leiharbeitnehmer wird AG1 zur Arbeitsleistung überlassen. AG1 „verleiht" den Leiharbeitnehmer weiter an AG2.

In einem solchen Fall besteht kein Arbeitsverhältnis i. S. d. § 1 I 3 AÜG zwischen dem „zweiten Verleiher" (hier AG1) und dem Leiharbeitnehmer. Die Rechtsfolge ergibt sich dann aus § 10a AÜG i. V. m. § 1 I 3, 5 und 6 AÜG, §§ 9 Nr. 1, Nr. 1a, 10 I 1 AÜG. Das Arbeitsverhältnis kommt mit dem letzten „Entleiher" zustande. Im obigen Beispiel wäre dies AG2.

V. Vorübergehende Überlassung, § 1 I 4, Ib AÜG

Der bis zur Novellierung des AÜG bestehende Streit, was unter „vorübergehend" i. S. d. § 1 I 2 AÜG a. F. zu verstehen ist, hat sich mit der Neufassung ab dem 01.04.2017 erledigt.[62] Die Überlassung von Arbeitnehmern ist nunmehr gemäß § 1 I 4, Ib 1 AÜG grundsätzlich nur bis zur Dauer von 18 aufeinander folgenden Monaten zulässig.

1. „Derselbe" Leiharbeitnehmer

Nach § 1 Ib 1 HS 1 AÜG darf der Verleiher „denselben" Leiharbeitnehmer nicht länger als 18 aufeinander folgende Monate demselben Entleiher überlassen. Es geht hierbei um eine sog. arbeitnehmerbezogene Betrachtungsweise.[63] Die Formulierung bezieht sich also nicht auf den Arbeitsplatz. Wäre letzteres der Fall, dürfte ein Arbeitsplatz, für den dauerhaft ein Beschäftigungsbedarf besteht, nur bis zur Dauer von 18 Monaten mit Leiharbeitnehmern besetzt werden. Aufgrund des eindeutigen Wortlauts („denselben") in § 1 Ib 1 HS 1 AÜG besteht heute jedoch weitgehend Einigkeit,[64] eine dauerhafte Besetzung von Arbeitsplätzen mit Leiharbeitnehmern sei zulässig. Voraussetzung sei jedoch, dass derselbe Leiharbeitnehmer grundsätzlich nur bis zu 18 aufeinander folgende Monate beschäftigt werde. Damit sind sog. Leiharbeitnehmer-Rondelle zulässig,[65] d. h. nach 18 Monaten kann der

---

[62] Zum früheren Meinungsstand statt aller ErfK/*Wank* (2016), § 1 AÜG Rn. 37 ff.
[63] Also keine arbeitsplatzbezogene Betrachtung, vgl. z. B. *Scharff*, BB 2018, 1140 ff, 1141.
[64] Statt aller Schüren/*Hamann*, § 1 AÜG Rn. 324 m. w. Nw.
[65] So auch Thüsing/*Waas*, § 1 AÜG Rn. 152.

Leiharbeitnehmer durch einen anderen Leiharbeitnehmer ausgetauscht werden.[66]

Beispiel
Leiharbeitnehmer L1 wird für 18 Monate vom Verleiher V an die Entleiherin E überlassen. Nach Ablauf der 18 Monate endet die Überlassung des L1. Sodann überlässt V der E den Leiharbeitnehmer L2 für weitere 18 Monate.

Korrespondierend zur Verpflichtung des Verleihers aus § 1 Ib 1 HS 1 AÜG darf der Entleiher gemäß § 1 Ib 1 HS 2 AÜG denselben Leiharbeitnehmer nicht länger als 18 aufeinanderfolgende Monate tätig werden lassen.

Ein Leiharbeitnehmer kann aufgrund seines Arbeitsverhältnisses mit dem Verleiher von diesem dauerhaft an Dritte verliehen werden, sofern der Leiharbeitnehmer nach Ablauf der 18 Monate bei einem anderen Entleiher eingesetzt wird. Nicht zulässig sind dagegen sog. Verleiherkarusselle, wenn derselbe Leiharbeitnehmer von unterschiedlichen Verleihern mehr als 18 Monate bei demselben Entleiher eingesetzt wird.

Beispiel
Leiharbeitnehmer L wird vom Verleiher V1 an die Entleiherin E für 18 Monate überlassen. Da E mit den Arbeitsleistungen von L sehr zufrieden ist, möchte sie ihn als Leiharbeitnehmer auch über die 18 Monate hinaus behalten. L und V1 beenden zu diesem Zweck ihr Arbeitsverhältnis. L wechselt zu V2, der L dann für weitere 18 Monate der E überlässt.

---

[66] Zur Ausnahme eines institutionellen Missbrauchs vgl. Böhm/*Popp*, Zeitarbeit, S. 59.

Dies stellt einen Verstoß gegen § 1 Ib 1 AÜG dar, der die Rechtsfolgen der §§ 9 Nr. 1b, 10 I 1 AÜG auslöst.

2. Bei „demselben" Entleiher

Umstritten ist, ob der Begriff „derselbe Entleiher" betriebsbezogen oder unternehmensbezogen zu verstehen ist. Unter Hinweis auf die Formulierung des § 1 Ib 1 AÜG und die Vorgaben der Richtlinie Leiharbeit[67] ist die h. M. der Auffassung, es sei auf den Rechtsträger (unternehmensbezogene Betrachtungsweise) abzustellen.[68] Mehrere Betriebe eines Entleihers sind also zusammenzuzählen.

Beispiel
Entleiherin E produziert in ihren Betrieben in Bayreuth und in Hof Kugellager. Sie schließt einen Arbeitnehmerüberlassungsvertrag und setzt Leiharbeitnehmer L zunächst 18 Monate in Bayreuth, dann 18 Monate in Hof und anschließend wieder 18 Monate in Bayreuth ein.

Bei einer betriebsbezogenen Betrachtungsweise wäre dies zulässig, da zwar derselbe Leiharbeitnehmer eingesetzt würde, aber nicht im selben Entleiherbetrieb. Stellt man (zutreffend) auf die Rechtsträgerin E ab, wäre eine solche Vorgehensweise unzulässig. Ansonsten könnte es zu einer dauerhaften Verdrängung von

---

[67] Richtlinie 2008/104/EG vom 19.11.2008 über Leiharbeit.
[68] Böhm/*Popp*, Zeitarbeit, S. 59 spricht vom „Entleiher als Arbeitgeber und juristische Person"; vgl. weiterhin Schüren/*Hamann*, § 1 Rn. 325; Urban-Crell/*Bissels*, § 1 AÜG Rn. 214, jeweils m. w. Nw.

Stammarbeitnehmern bei E durch Leiharbeitnehmer kommen. Diese würde dem Zweck des AÜG widersprechen.

3. Überlassungshöchstdauer
a. Grundsatz

Die Berechnung der Frist von 18 Monaten gemäß § 1 Ib 1 HS 1 AÜG erfolgt nach den §§ 187 II 1, 188 II 2. Alt. 2 BGB. Dabei kommt es nicht darauf an, wie lange der Leiharbeitnehmer tatsächlich beim Entleiher seine Arbeitsleistung erbringt, sondern nur auf die im Arbeitnehmerüberlassungsvertrag zwischen Verleiher und Entleiher getroffene Vereinbarung.[69]

Beispiel
Verleiher und Entleiher vereinbaren eine Überlassung von 18 Monaten, beginnend am 01.06.2018. Die 18 Monate laufen dann am 30.11.2019 ab. Dies gilt auch unabhängig davon, ob der Leiharbeitnehmer beim Entleiher nur in Teilzeit tätig ist.

Nach § 1 Ib 2 AÜG wird der Zeitraum vorheriger Überlassungen durch denselben oder einen anderen Verleiher an denselben Entleiher vollständig angerechnet, wenn zwischen den Einsätzen jeweils nicht mehr als drei Monate liegen. Nach Ablauf dieser Karenzfrist kann der Leiharbeitnehmer erneut beim Entleiher eingesetzt werden. Erfolgt die Überlassung an den Entleiher durch zwei unterschiedliche Verleiher, sind die Überlassungszeiten einzubeziehen, sofern die Karenzfrist nicht verstrichen ist.

---

[69] So Fachliche Weisungen, 1.2.1.

Beispiel

Leiharbeitnehmer L wurde vom Verleiher V1 vom 01.02.2018 bis zum 30.04.2018 an Entleiherin E überlassen. Sodann wechselt L zum Verleiher V2. V2 überlässt L an E ab 01.06.2018. Zwischen dem ersten Einsatz bei E durch V1 und dem zweiten Einsatz bei E durch V2 liegen nicht mehr als drei Monate. Die drei Monate der Überlassung durch V1 werden angerechnet. Eine Überlassung durch V2 an E ist damit nur noch für 15 Monate zulässig.

b. Abweichende Regelungen

Gemäß § 1 Ib 3 AÜG können in Tarifverträgen der Einsatzbranche von der Höchstüberlassungsdauer abweichende Regelungen vereinbart werden.

Beispiel

Nach Ziffer 2.2.3 des zwischen dem Verband der Metall- und Elektroindustrie Baden-Württemberg (Südwestmetall) und der IG Metall Bezirk Baden-Württemberg vereinbarten Tarifvertrags Leih-/Zeitarbeit[70] darf die Höchstdauer eines Einsatzes grundsätzlich 48 Monate nicht überschreiten.

Derartige Vereinbarungen können nach § 1 Ib 4 AÜG im Betrieb nicht tarifgebundener Entleiher durch Betriebs- oder Dienstvereinbarung übernommen werden. Die übrigen Regelungen können wie folgt zusammengefasst werden:

---

[70] In der Fassung gültig ab dem 01.01.2019.

► Tarifgebundene Vertragsparteien Einsatzbranche:

► TV kann eine andere Höchstüberlassungsdauer vorsehen, § Ib 3 AÜG.

► TV kann Öffnungsklausel für BV enthalten; darin kann eine andere Höchstüberlassungsdauer vereinbart werden, § 1 Ib 5 AÜG.

► Nicht tarifgebundener Entleiher Einsatzbranche:

► Regelungen aus dem TV können in eine BV übernommen werden, § 1 Ib 4 AÜG.

► Gemäß § 1 Ib 6 AÜG kann durch eine BV eine andere Höchstüberlassungsdauer vereinbart werden; aber Beschränkung auf 24 Monate, soweit im TV keine anderweitige Regelung enthalten ist.[71]

4. Überschreitung der Höchstdauer

Gemäß § 9 I Nr. 1b AÜG ist bei Überschreiten der Höchstüberlassungsdauer der Arbeitsvertrag zwischen Verleiher und Entleiher unwirksam, sofern der Leiharbeitnehmer nicht erklärt, an dem Arbeitsvertrag festhalten zu wollen. Gemäß § 10 I 1 AÜG gilt dann ein Arbeitsverhältnis zwischen dem Entleiher und Leiharbeitnehmer als zustande gekommen.[72]

---

[71] Darstellung angelehnt an www.motz-law.com/download/161021_update_bewertung_aueg-aenderungsgesetz.pdf (abgerufen am 20.02.2019).
[72] Zu den Rechtsfolgen bei Verstößen gegen das AÜG vgl. im Einzelnen Kapitel F.

VI. Bezeichnungs- und Konkretisierungspflichten, § 1 I 5, 6 AÜG

Nach § 1 I 5 AÜG haben Verleiher und Entleiher die Überlassung von Leiharbeitnehmern in ihrem Vertrag ausdrücklich als Arbeitnehmerüberlassung zu bezeichnen, bevor sie den Leiharbeitnehmer überlassen oder tätig werden lassen. Gemäß § 1 I 6 AÜG ist vor der Überlassung die Person des Leiharbeitnehmers unter Bezugnahme auf den nach § 1 I 5 AÜG geschlossenen Vertrag zu konkretisieren, d. h. namentlich zu benennen.[73] Um eine größtmögliche Flexibilität beim Einsatz von Leiharbeitern zu ermöglichen, können Verleiher und Entleiher auch Rahmenverträge zur Überlassung eines bestimmten Kontingents an Leiharbeitnehmern schließen.[74]

Wird gegen die Bezeichnungs- und Konkretisierungspflichten nach § 1 I 5, 6 AÜG verstoßen, ist der Arbeitsvertrag zwischen Verleiher und Arbeitnehmer gemäß § 9 I Nr. 1a AÜG unwirksam, sofern der Leiharbeitnehmer nicht erklärt, an dem Arbeitsvertrag festhalten zu wollen. Gemäß § 10 I 1 AÜG gilt dann ein Arbeitsverhältnis zwischen Entleiher und Leiharbeitnehmer als zustande gekommen. Der Arbeitnehmerüberlassungsvertrag bleibt wirksam.

---

[73] Zweck dieser Regelungen ist die Verhinderung sog. Scheinwerkverträge; zu dieser Problematik vgl. D. III. 3.

[74] Zur Frage, in welcher Form (Schrift- oder Textform) die Konkretisierung nach § 1 I 6 AÜG zu erfolgen hat, vgl. z. B. Fachliche Weisungen, 1.1.6.7; www.cmshs-bloggt.de/arbeitsrecht/rahmenueberlassungsvertraege-einhaltung-der-schriftform-bei-der-konkretisierung-nun-doch-notwendig (abgerufen am 20.02.2019).

E. Rechtsbeziehungen der Parteien – Vertiefung

Für das Verständnis der Rechtsbeziehungen der Parteien bei der Arbeitnehmerüberlassung ist es unerlässlich, stets das Dreiecksverhältnis vor Augen zu haben. Ohne dieses „Grundlagenwissen" wird eine Zuordnung der einzelnen Probleme zu den jeweiligen Rechtsbeziehungen nicht gelingen.

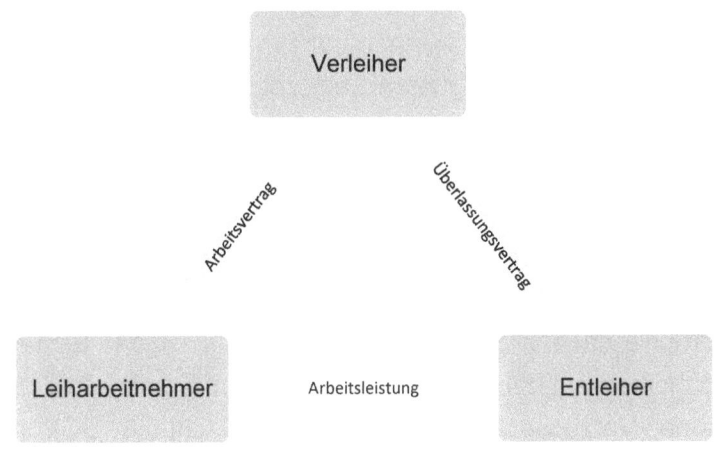

I. Rechtsbeziehungen Verleiher ./. Entleiher

1. Hauptleistungspflicht des Verleihers

Die Rechtsbeziehungen zwischen Verleiher und Entleiher ergeben sich zunächst aus § 12 AÜG, werden dort aber nicht abschließend beschrieben. So wird in § 12 AÜG die Hauptleistungspflicht des Verleihers nicht geregelt. Sie besteht in der entgeltlichen Überlassung von Leiharbeitnehmern. Dabei schuldet der Verleiher regelmäßig keinen bestimmten Leiharbeitnehmer, sondern lediglich einen für die vorgesehene Tätigkeit geeigneten.[75]

2. Schadensersatzansprüche

Der Verleiher trägt das Risiko, einen zur Erfüllung seiner vertraglichen Vereinbarungen geeigneten Leiharbeitnehmer überlassen zu können (Beschaffungsrisiko). Verletzt der Verleiher die Überlassungspflicht, hängen die Ansprüche des Entleihers davon ab, ob die Überlassung noch nachgeholt werden kann. Da eine Sondernorm (wie § 10 II AÜG für den Leiharbeitnehmer) für Ansprüche im Verhältnis Verleiher ./. Entleiher nicht existiert, richten sich die Ansprüche nach allgemeinem Schuldrecht. Ist der Einsatz noch nachholbar, hat der Entleiher Anspruch auf Ersatz eines gfl. entstandenen Verzugsschadens gemäß §§ 280 I, III, 281 BGB. Ist der Einsatz nicht mehr nachholbar, ergibt sich der Schadensersatzanspruch aus §§ 280 I, III, 283 BGB. Erfüllt der Verleiher

---

[75] Der Vertrag ist ein Unterfall eines Dienstverschaffungsvertrags; vgl. ErfK/*Wank*, § 1 AÜG Rn. 35 und ErfK/*Wank*, § 12 AÜG Rn. 5.

seine Pflicht zur ordnungsgemäßen Auswahl und Überlassung eines geeigneten Leiharbeitnehmers nicht, kommen Ansprüche aus Schlechterfüllung gemäß §§ 280 I, III, 281 BGB in Betracht.

3. Formerfordernisse

Der Arbeitnehmerüberlassungsvertrag bedarf gemäß § 12 I 1 AÜG der Schriftform (§ 126 BGB). Bei Nichteinhaltung dieser gesetzlichen Schriftform ist der Vertrag nach § 125 S. 1 BGB nichtig. Es hat dann, nach „normalem" Zivilrecht, eine Rückabwicklung der wechselseitig gewährten Leistungen nach den §§ 812 ff BGB zu erfolgen.

In der Vertragsurkunde hat der Verleiher gemäß § 12 I 3 AÜG zu erklären, dass er eine Arbeitnehmerüberlassungserlaubnis besitzt. Im Hinblick auf die mit einem Fehlen oder Wegfall der Erlaubnis verbundenen Rechtsfolgen hat der Verleiher die in § 12 II AÜG aufgelisteten Unterrichtungspflichten.

Der Entleiher hat in der Urkunde

▶ die Leistung des Leiharbeitnehmers und dessen Qualifikation zu spezifizieren und
▶ die wesentlichen Arbeitsbedingungen einschließlich des Entgelts anzugeben, die er einem in seinem Betrieb tätigen vergleichbaren Arbeitnehmer gewährt, es sei denn, die Voraussetzungen des § 12 I 4 letzter HS AÜG liegen vor.

Im Übrigen enthält ein Arbeitnehmerüberlassungsvertrag meist Vereinbarungen über:

▶ die Vergütungspflicht des Entleihers,

▶ die Leistungspflichten des Verleihers,

▶ den Beginn und das Ende der Laufzeit des Vertrags und

▶ den Beginn und das Ende der Überlassung.

Die Person des Leiharbeitnehmers (§ 1 I 6 AÜG) muss im Vertrag nicht zwingend konkretisiert werden. Dies kann noch unmittelbar vor der Überlassung erfolgen.[76]

II.   Rechtsbeziehungen Entleiher ./. Verleiher

Die Hauptleistungspflicht des Entleihers ist die Zahlung der vereinbarten Vergütung an den Verleiher. Zahlungspflichten gegenüber dem Leiharbeitnehmer bestehen nicht. Hat der Entleiher keine Verwendung für den überlassenen Leiharbeitnehmer, d. h. fehlt es an einer Einsatzmöglichkeit, ändert dies nichts an seiner Zahlungspflicht; er trägt insoweit das Verwendungsrisiko.

Gemäß § 11 VI AÜG hat der Entleiher als Nebenpflicht zum Überlassungsvertrag die Sicherheit des Leiharbeitnehmers zu gewährleisten. Erfüllt er diese Pflicht nicht, können dem Verleiher für einen hieraus entstehenden Schaden nach den §§ 280 I, 241 II BGB Schadensersatzansprüche zustehen.

Die Überlassung eines Leiharbeitnehmers kann ein Entleiher auch dazu nutzen, diesen Arbeitnehmer zu „erproben", um mit ihm dann gfl. selbst einen Arbeitsvertrag abzuschließen. Gemäß

---

[76] Wenn die Konkretisierung bereits mit Abschluss des Überlassungsvertrags erfolgen müsste, wäre der Abschluss von Rahmenverträgen kaum möglich.

§ 9 I Nr. 3 AÜG sind Vereinbarungen unwirksam, die dem Entleiher untersagen, den Leiharbeitnehmer zu einem Zeitpunkt einzustellen, in dem dessen Arbeitsverhältnis zum Verleiher nicht mehr besteht. Allerdings kann sich der Verleiher für einen solchen Fall eine Vermittlungsprovision versprechen lassen.[77]

III. Rechtsbeziehungen Verleiher ./. Leiharbeitnehmer

1. Grundlagen

Zwischen Verleiher und Leiharbeitnehmer besteht ein Arbeitsverhältnis. Dementsprechend ist gemäß § 611a II BGB Hauptpflicht des Verleihers die Zahlung der Vergütung an den Leiharbeitnehmer. Hat der Verleiher keine Einsatzmöglichkeiten für den Leiharbeitnehmer, trägt er, wie jeder Arbeitgeber, das Beschäftigungsrisiko. Dem Leiharbeitnehmer steht in diesem Fall ein Vergütungsanspruch nach §§ 611a II, 615 S. 1 BGB zu. Dieser Anspruch kann gemäß § 11 IV 2 AÜG nicht ausgeschlossen oder beschränkt werden. Im Übrigen ist der Verleiher zu den in jedem Arbeitsverhältnis bestehenden Leistungen verpflichtet, d. h. Gewährung von Urlaub, Entgeltfortzahlung, Schutzmaßnahmen nach § 618 BGB etc. Der Nachweis der wesentlichen Vertragsbedingungen richtet sich gemäß § 11 I 1 zunächst nach dem Nachweisgesetz. Zusätzlich sind die in § 11 I 2 AÜG genannten Daten aufzunehmen. Aus den Besonderheiten der Arbeitnehmerüberlassung resultierend hat der Verleiher weiterhin die Hinweis- und Unterrichtungspflichten nach § 11 II, III AÜG.

---

[77] Vgl. z. B. BGH vom 07.12.2006, III ZR 82/06; BGH vom 10.11.2011, III ZR 77/11.

Der Verleiher kann das Arbeitsverhältnis mit dem Leiharbeitnehmer unter den üblichen arbeitsrechtlichen Voraussetzungen kün-
digen. Erhöhte Anforderungen an die Darlegung des Grundes bestehen jedoch bei betriebsbedingen Kündigungen. Zwar kann ein
Arbeitskräfteüberhang auch bei der Arbeitnehmerüberlassung
entstehen. Dies sei nach Auffassung des BAG etwa der Fall, wenn
der Einsatz des Leiharbeitnehmers beim Verleiher ende, *„ohne
dass der Arbeitnehmer wieder bei anderen Entleihern oder im Betrieb des Verleihers sofort oder auf absehbare Zeit eingesetzt werden kann“.*[78] Ein bloßer Hinweis auf einen beendeten oder in
Kürze auslaufenden Auftrag und fehlende Anschlussaufträge rei-
che zur Begründung jedoch i. d. R. nicht aus, um einen kündi-
gungsrelevanten Wegfall des Beschäftigungsbedarfs zu begrün-
den. Kurzfristige Auftragsschwankungen gehörten zum typischen
Wirtschaftsrisiko bei der Arbeitnehmerüberlassung.[79]

2.   Der Gleichstellungsgrundsatz

Gemäß § 8 I 1 AÜG ist der Verleiher verpflichtet, dem Leiharbeitnehmer für die Zeit der Überlassung an einen Entleiher die im Betrieb des Entleihers für einen vergleichbaren Arbeitnehmer des
Entleihers geltenden wesentlichen Arbeitsbedingungen einschließlich des Arbeitsentgelts zu gewähren. Vergleichbar mit Arbeitnehmern des Entleihers ist der Leiharbeitnehmer, wenn er die-

---

[78] BAG vom 18.05.2006, 2 AZR 412/05.
[79] Allerdings lehnte das BAG die Auffassung ab, der Verleiher habe jedenfalls
für weitere drei Monate das Beschäftigungsrisiko zu tragen; so BAG vom
18.05.2006, 2 AZR 412/05 m. w. Nw.

selbe oder eine vergleichbare Tätigkeit ausübt. Gibt es im Entleiherbetrieb keinen vergleichbaren (Stamm) Arbeitnehmer, sind die Arbeitsbedingungen zu gewähren, die ein vergleichbarer (fiktiver) Arbeitnehmer erhalten würde. Hieraus ergeben sich die Grundsätze „Equal Pay" und „Equal Treatment". Damit der Leiharbeitnehmer Kenntnis von den beim Entleiher herrschenden Bedingungen erlangen kann, begründet § 13 AÜG einen Auskunftsanspruch gegenüber dem Entleiher.

a. Equal Pay

Ausweislich des Wortlauts des § 8 I 1 AÜG (für die Zeit der Überlassung) hat der Verleiher dem Leiharbeitnehmer ab dem ersten Tag der Überlassung das für einen vergleichbaren Arbeitnehmer beim Entleiher geltende Entgelt zu gewähren. Für diese Entgeltansprüche, d. h. nicht für sonstige wesentliche Arbeitsbedingungen, gilt die Vermutungswirkung des § 8 I 2 AÜG.

„Zum Arbeitsentgelt zählt nicht nur das laufende Entgelt sondern jede Vergütung, die aus Anlass des Arbeitsverhältnisses gewährt wird bzw. aufgrund gesetzlicher Entgeltfortzahlungstatbestände gewährt werden muss ... Hierunter fallen insbesondere Urlaubsentgelt, Sonderzahlungen, Zulagen und Zuschläge, Ansprüche auf Entgeltfortzahlung sowie vermögenswirksame Leistungen ... Maßgebend sind daher sämtliche auf den Lohnabrechnungen vergleichbarer Stammarbeitnehmer des Entleihers ausgewiesene Bruttovergütungsbestandteile ... Werden im Betrieb des Entleihers Sachbezüge gewährt, kann der Verleiher dem Leiharbeitnehmer einen Wertausgleich in Euro zahlen (§ 8 Abs. 1 Satz 3).“[80]

---

[80] Fachliche Weisungen, 8.1

b. Equal Treatment

Gemäß Art. 3 Abs. 1 lit. f der Richtlinie 2008/104/EG über Leiharbeit gehören außer dem Entgelt zu den unter den Gleichstellungsgrundsatz fallenden wesentlichen Bedingungen

„die Arbeits- und Beschäftigungsbedingungen, die durch Gesetz, Verordnung, Verwaltungsvorschrift, Tarifvertrag und/oder sonstige verbindliche Bestimmungen allgemeiner Art, die im entleihenden Unternehmen gelten, festgelegt sind und sich auf folgende Punkte beziehen:

i) Dauer der Arbeitszeit, Überstunden, Pausen, Ruhezeiten, Nachtarbeit, Urlaub, arbeitsfreie Tage, …“

Auch insoweit ist der Verleiher nach § 8 I 1 AÜG verpflichtet, dem Leiharbeitnehmer für die Zeit der Überlassung an den Entleiher die im Betrieb des Entleihers für einen vergleichbaren Arbeitnehmer geltenden Bedingungen zu gewähren.

c. Abweichende tarifvertragliche Regelungen

Gemäß § 8 II AÜG kann in einem Tarifvertrag von diesem Gleichstellungsgrundsatz abgewichen werden, sofern hierdurch nicht die in einer Verordnung nach § 3a II AÜG erlassene Lohnuntergrenze unterschritten wird.[81] Vereinfacht gesagt bedeutet dies, dass der Gleichstellungsgrundsatz nicht gilt, wenn ein Verleiher einen Tarifvertrag der Leihbranche anwendet, was in der Praxis regelmäßig der Fall ist. § 8 V AÜG verpflichtet den Verleiher aber,

---

[81] Die derzeit geltende 3. Verordnung über eine Lohnuntergrenze in der Arbeitnehmerüberlassung vom 01.07.2017 tritt am 31.12.2019 außer Kraft.

dem Leiharbeitnehmer sowohl für die Zeiten der Überlassung als auch ohne Überlassung mindestens das in der Verordnung nach § 3a AÜG festgelegte Mindeststundenentgelt zu gewähren.

Hinsichtlich der Anwendbarkeit dieser tariflichen Regelungen gelten zwei Ausnahmen:

▶ Abweichende tarifliche Regelungen gelten gemäß § 8 III AÜG nicht für Leiharbeitnehmer, die in den letzten sechs Monaten vor der Überlassung an den Entleiher aus einem Arbeitsverhältnis bei diesem oder einem anderen konzernangehörigen Arbeitgeber ausgeschieden sind (Verhinderung der sog. Drehtür).

▶ Ein Tarifvertrag darf grundsätzlich nur für die ersten neun Monate vom Gleichstellungsgrundsatz abweichen, § 8 IV 1 AÜG. Längere Abweichungen sind nur unter den Voraussetzungen des § 8 IV 2 AÜG zulässig.

Die wichtigsten Tarifverträge sind derzeit:

▶ die Tarifverträge zwischen dem Bundesverband Zeitarbeit (BZA) und den Mitgliedsgewerkschaften des DGB und
▶ die Tarifverträge zwischen dem Interessenverband Zeitarbeit (IGZ) und den Mitgliedsgewerkschaften des DGB.

Daneben werden für zahlreiche Einsatzbereiche Tarifverträge für Branchenzuschläge geschlossen. So enthält z. B. der zwischen BAP und IGZ einerseits und der IG Metall andererseits geschlos-

sene „Tarifvertrag über Branchenzuschläge für Arbeitnehmer-
überlassungen in der Metall- und Elektroindustrie (TV BZ ME)"[82]
eine stufenweise Annäherung der Vergütung der Leiharbeitnehmer an die der Stammarbeitnehmer im Verleihbetrieb.

IV. Rechtsbeziehungen Leiharbeitnehmer ./. Verleiher

Aus dem Arbeitsverhältnis mit dem Verleiher ist der Leiharbeit-
nehmer verpflichtet, die vereinbarte Arbeitsleistung bei einem
Dritten, dem Entleiher, zu erbringen. Die Überlassung an einen
Dritten bedarf der besonderen Vereinbarung, da gemäß
§ 613 S. 2 BGB der Anspruch auf die Dienste (Arbeitsleistung) im
Zweifel nicht übertragbar ist.

Ansonsten bestehen die in einem Arbeitsverhältnis üblichen Ne-
benpflichten, z. B. Verschwiegenheitspflichten, Treuepflichten etc.
Auch die Grundsätze des innerbetrieblichen Schadensausgleichs
sind auf das Arbeitsverhältnis anwendbar.[83]

---

[82] In der Fassung gültig ab dem 01.04.2017.
[83] Zur Haftung des Leiharbeitnehmers gegenüber dem Entleiher vgl. Kapitel G.

V. Rechtsbeziehungen Leiharbeitnehmer ./. Entleiher

1. Grundlagen

Der Leiharbeitnehmer erbringt auf der Grundlage des zwischen Verleiher und Entleiher geschlossenen Arbeitnehmerüberlassungsvertrags seine Arbeitsleistung beim Entleiher. Wie oben dargestellt, bleibt der Verleiher Arbeitgeber des Leiharbeitnehmers. Die Tätigkeit des Leiharbeitnehmers beim Entleiher ist nach h. M. ein tatsächliches Beschäftigungsverhältnis in Form eines Schuldverhältnisses ohne primäre Leistungspflichten.[84] Der Leiharbeitnehmer ist gegenüber dem Entleiher nicht zur Arbeitsleistung verpflichtet.

Gemäß § 1 2 AÜG werden Arbeitnehmer zur Arbeitsleistung überlassen, wenn sie in die Arbeitsorganisation des Entleihers eingegliedert sind und seinen Weisungen unterliegen. Da der Leiharbeitnehmer beim Entleiher seine Arbeitsleistung erbringt, muss der Entleiher auch berechtigt sein, dem Leiharbeitnehmer die für eine ordnungsgemäße Arbeitsleistung erforderlichen Weisungen zu erteilen. Obwohl der Entleiher nicht Arbeitgeber des Leiharbeitnehmers ist, nimmt er partiell Arbeitgeberfunktionen wahr; er hat ein sog. arbeitsbezogenes Weisungsrecht.[85] Dieses erfasst insbesondere die Zuweisung eines Arbeitsplatzes und alle auf die konkrete Ausführung der Arbeitsleistung bezogenen Weisungen.[86]

---

[84] ErfK/*Wank*, Einleitung AÜG, Rn. 36 m. w. Nw.
[85] Letztlich wird hier auch wieder die Abgrenzung von Arbeitnehmerüberlassung und anderen Formen der Personalgestellung relevant. Vgl. hierzu D. III. 2, 3.
[86] Däubler/*Trümmer*, § 5 BetrVG Rn. 74 ff.

2. Rechte des Leiharbeitnehmers während der Überlassung

Nach § 11 VI AÜG unterliegt die Tätigkeit des Leiharbeitnehmers während der Überlassung den im Betrieb des Entleihers geltenden Arbeitsschutzvorschriften. Zudem darf der Entleiher den Leiharbeitnehmer gemäß § 11 V 1 AÜG nicht tätig werden lassen, wenn sein Betrieb unmittelbar durch einen Arbeitskampf betroffen ist. Umgekehrt ist der Leiharbeitnehmer in diesem Fall auch nicht verpflichtet, beim Entleiher tätig zu werden (§ 11 V 3 AÜG). Ausnahmen hierzu werden in § 11 V 2 AÜG beschrieben.

Um gfl. seinen Gleichstellungsanspruch nach § 8 AÜG durchsetzen zu können, hat der Leiharbeitnehmer gemäß § 13 AÜG gegen den Entleiher einen Auskunftsanspruch über die in dessen Betrieb für einen vergleichbaren Arbeitnehmer geltenden wesentlichen Arbeitsbedingungen einschließlich des Arbeitsentgelts. Zweck des AÜG ist u. a., Leiharbeitnehmern den Übergang in ein Normalarbeitsverhältnis zu ermöglichen, insbesondere beim Entleiher (sog. Klebeeffekt). Nach § 13a AÜG hat der Entleiher daher den Leiharbeitnehmer über freie Arbeitsplätze zu informieren. § 13b AÜG regelt den Zugang des Leiharbeitnehmers zu Gemeinschaftseinrichtungen beim Entleiher.

3. Berücksichtigung der Leiharbeitnehmer bei Schwellenwerten beim Entleiher

Leiharbeitnehmer sind bei der Berechnung von Schwellenwerten beim Verleiher zu berücksichtigen, da sie mit diesem ein Arbeitsverhältnis haben. Da Leiharbeitnehmer aber nicht Arbeitnehmer des Entleihers sind, ist fraglich, ob sie hinsichtlich der Berechnung von Schwellenwerten auch beim Entleiher mitzuzählen sind.

a. Betriebliche Mitbestimmung

Für die Betriebsverfassung und die Unternehmensbestimmung bejaht § 14 II 4 - 6 AÜG diese Frage. Damit zählen Leiharbeitnehmer auch bei der Ermittlung der Anzahl der Arbeitnehmer nach § 111 I 1 BetrVG und der Größe des Betriebs nach § 9 BetrVG mit. Hinsichtlich der in § 14 II 5 AÜG genannten Mitbestimmungsvorschriften beschränkt Satz 6 die Berücksichtigung auf eine Einsatzdauer, die sechs Monate übersteigt. Das BAG bestätigte die Notwendigkeit des „Mitzählens" der Leiharbeitnehmer auch bei § 38 I 1 BetrVG.[87]

b. § 17 KSchG

Ungeklärt ist bisher, ob Leiharbeitnehmer im Betrieb des Entleihers auch bei der Berechnung nach § 17 I KSchG mitzählen, d. h. bei Massenentlassungen. Die Problematik ist für die Praxis von enormer Bedeutung. Plant ein Arbeitgeber die Entlassung einer Vielzahl von Arbeitnehmern, ist er bei Überschreitung der in § 17 I KSchG genannten Schwellenwerte verpflichtet, vor den Entlassungen der Agentur für Arbeit Anzeige zu erstatten. Erstattet er keine wirksame Anzeige, sind Kündigungen nach § 134 BGB nichtig.[88]

---

[87] So BAG vom 02.08.2017, 7 ABR 51/15.
[88] Vgl. BAG vom 22.09.2016, 2 AZR 276/16.

Das BAG hatte zur Klärung dieser Problematik dem EuGH folgende Fragen zur Beantwortung vorgelegt und das bei ihm zum damaligen Zeitpunkt anhängige Revisionsverfahren bis zu einer Entscheidung des EuGH ausgesetzt:

„I. Der Gerichtshof der Europäischen Union wird gemäß Art. 267 des Vertrages über die Arbeitsweise der Europäischen Union (AEUV) um die Beantwortung der folgenden Fragen ersucht:

1. Ist Art. 1 Abs. 1 Unterabs. 1 Buchst. a der Richtlinie 98/59/EG des Rates vom 20. Juli 1998 zur Angleichung der Rechtsvorschriften der Mitgliedstaaten über Massenentlassungen (RL 98/59/EG) dahin auszulegen, dass zur Bestimmung der Zahl der in der Regel in einem Betrieb tätigen Arbeitnehmer auf die Anzahl der im Zeitpunkt der Entlassung bei gewöhnlichem Geschäftsgang beschäftigten Arbeitnehmer abzustellen ist?

2. Ist Art. 1 Abs. 1 Unterabs. 1 Buchst. a RL 98/59/EG dahin auszulegen, dass bei der Bestimmung der Zahl der in der Regel in einem Betrieb eines entleihenden Unternehmens tätigen Arbeitnehmer dort eingesetzte Leiharbeitnehmer mitzählen können?

Sofern die zweite Frage bejaht wird:
3. Welche Voraussetzungen gelten für die Berücksichtigung von Leiharbeitnehmern bei der Bestimmung der Anzahl der in der Regel in einem Betrieb eines entleihenden Unternehmens tätigen Arbeitnehmer?" [89]

---

[89] BAG, Beschluss vom 16.11.2017, 2 AZR 90/17.

Die in der Praxis mit Spannung erwartete Entscheidung des EuGH blieb jedoch aus. Die Beklagte hatte in dem beim BAG anhängigen Verfahren die Revision mit Zustimmung der Klägerin zurückgenommen, so dass das Verfahren beim BAG (ohne Entscheidung) beendet war.[90] Die derzeit wohl h. M. geht nach wie vor davon aus, Leiharbeitnehmer seien zwar bei der Berechnung der Betriebsgröße mitzuzählen, nicht aber bei der Anzahl der zu kündigenden Arbeitnehmer.[91]

c.　§ 23 KSchG

Gemäß § 23 I 3 KSchG ist das KSchG nur (sachlich bzw. betrieblich) anwendbar, wenn in dem Betrieb i. d. R. mehr als 10 Arbeitnehmer beschäftigt werden. Die Frage, ob in dem Betrieb beschäftigte Leiharbeitnehmer hierbei mitzuzählen sind, hat das BAG bereits 2013 beantwortet:

> „Bei der Bestimmung der Betriebsgröße iSv. § 23 Abs. 1 Satz 3 KSchG sind im Betrieb beschäftigte Leiharbeitnehmer zu berücksichtigen, wenn ihr Einsatz auf einem "in der Regel" vorhandenen Personalbedarf beruht."[92]

Diese Entscheidung ist für Studierende eigentlich ein „Muss". Sie ist ein Musterbeispiel für die Auslegung einer Norm. Das BAG kommt zu dem Schluss, die zutreffende Lesart von § 23 I 3 KSchG folge aus dem Regelungszweck. Sinn und Zweck der Heraus-

---

[90] Siehe Pressemitteilung BAG Nr. 31/18.
[91] Weitergehend ErfK/*Kiel*, § 17 Rn. 11; so wohl auch *Hamann*, jurisPR-ArbR 11/2018 Anm. 5.
[92] Leitsatz BAG vom 24.1.2013, 2 AZR 140/12.

nahme von Kleinbetrieben aus dem allgemeinen Kündigungsschutz nach § 23 I 3 KSchG geböten ein Verständnis, wonach
Leiharbeitnehmer bei der Bestimmung der Betriebsgröße im Entleiherbetrieb mitzuzählen seien. Voraussetzung sei aber, dass ihr
Einsatz auf einem „in der Regel" vorhandenen Beschäftigungsbedarf beruhe. Dabei komme es nicht entscheidend darauf an, für
welche Zeitdauer der jeweils einzelne Leiharbeitnehmer im Betrieb eingesetzt sei. Auch dann, wenn auf einem Arbeitsplatz ständig wechselnde Leiharbeitnehmer eingesetzt würden, sei dieser,
soweit er die regelmäßige Belegschaftsstärke kennzeichne, zu
berücksichtigen. Leiharbeitnehmer, die nur zur Vertretung von
Stammarbeitnehmern überlassen worden seien, zählten dagegen
nicht mit.[93]

d. § 1 I KSchG

Gemäß § 1 I KSchG ist das KSchG nur (persönlich) anwendbar,
wenn der Arbeitnehmer in demselben Betrieb oder Unternehmen
länger als sechs Monate beschäftigt war. Bei dieser Problematik
geht es also nicht um die Frage, ob ein Leiharbeitnehmer beim
Entleiher mitzuzählen ist. Bei § 1 I KSchG ist vielmehr zu prüfen,
ob Leiharbeitnehmer, die unmittelbar im Anschluss an ihre Tätigkeit beim Entleiher von diesem in ein Arbeitsverhältnis übernommen werden, bereits dem allgemeinen Kündigungsschutz unter-
fallen. Dies ist nicht der Fall, da zwischen Entleiher und Leiharbeitnehmer während der Zeit der Überlassung kein Arbeitsverhältnis bestand.

---

[93] Vgl. hierzu auch LAG Rheinland-Pfalz vom 13.01.2015, 6 Sa 446/14.

Zeiten, während derer ein Leiharbeitnehmer in den Betrieb des Entleihers eingegliedert war, sind in einem späteren Arbeitsverhältnis zwischen ihm und dem Entleiher regelmäßig nicht auf die Wartezeit des § 1 Abs. 1 KSchG anzurechnen."[94]

---

[94] BAG vom 20.02.2014, 2 AZR 859/11.

F. Rechtsfolgen bei Verstößen gegen das AÜG

I. Grundlagen

Die Systematik der Rechtsfolgen eines Verstoßes gegen Vorschriften des AÜG ist zunächst relativ einfach. § 9 I AÜG ordnet die Unwirksamkeit der jeweils genannten Verträge bzw. Vereinbarungen an. Die Unwirksamkeit tritt im Falle des § 1 I Nr. 1, 1a, und 1b AÜG nicht ein, wenn der Leiharbeitnehmer die dort genannte Festhaltenserklärung abgibt. § 10a AÜG verweist bei bestimmten Verstößen ergänzend auf § 9 I Nr. 1 bis 1b AÜG und § 10 AÜG.

§ 10 I 1 AÜG begründet für den Fall, dass der Arbeitsvertrag zwischen Verleiher und Leiharbeitnehmer nach § 9 AÜG unwirksam ist, ein Arbeitsverhältnis zwischen Entleiher und Leiharbeitnehmer. Diese Fiktion eines Arbeitsverhältnisses beschränkt sich, obwohl in § 10 I 1 AÜG auf § 9 AÜG insgesamt verwiesen wird, auf eine Unwirksamkeit nach

▶ § 9 I Nr. 1 AÜG - Fehlen einer Arbeitnehmerüberlassungserlaubnis,

▶ § 9 I Nr. 1a AÜG - Nichteinhaltung der Bezeichnungs- und Konkretisierungspflichten,

▶ § 9 I Nr. 1b AÜG - Überschreitung der zulässigen Überlassungsdauer.

Hinzu kommt über den Verweis in § 10a AÜG eine Unwirksamkeit des Arbeitsvertrags, wenn zwischen dem Überlassenden und dem Leiharbeitnehmer kein Arbeitsverhältnis besteht (§ 1 I 3 AÜG) und dabei gegen die Bezeichnungs- und Konkretisierungspflichten (§ 1 I Nr. 5, 6 AÜG) verstoßen oder die Überlassungshöchstdauer (§ 1 Ib 1 AÜG) überschritten wird.

II.   Die sog. Festhaltenserklärung

Eine Unwirksamkeit des Arbeitsvertrags zwischen Verleiher und Leiharbeitnehmer tritt in den Fällen des § 9 I Nr. 1, Nr. 1a und Nr. 1b AÜG nicht ein, wenn der Leiharbeitnehmer wirksam erklärt, dass er an dem Arbeitsvertrag mit dem Verleiher festhält. Dem Leiharbeitnehmer soll ein neues Arbeitsverhältnis mit dem Entleiher nicht „aufgezwungen" werden. Es kann für ihn aus den unterschiedlichsten Gründen sinnvoll sein, das Arbeitsverhältnis beim Verleiher fortzusetzen, z. B.:

▶ der Entleiher steht kurz vor Beantragung eines Insolvenzverfahrens,
▶ im Betrieb des Entleihers sind Betriebsänderungen geplant,
▶ der Leiharbeitnehmer hat mit dem Verleiher ein unbefristetes Arbeitsverhältnis, über die Fiktion des § 10 I 1, 2 AÜG hätte er mit dem Entleiher nur ein befristetes Arbeitsverhältnis.

Hält der Arbeitnehmer an dem Arbeitsverhältnis fest, so wird dieses unverändert mit dem Verleiher fortgesetzt. Die Voraussetzungen einer wirksamen Festhaltenserklärung sind zunächst hinsichtlich der einzuhaltenden Fristen streng:

- § 9 I Nr. 1 AÜG:
Die Erklärung muss schriftlich bis zum Ablauf eines Monats nach dem zwischen Verleiher und Entleiher für den Beginn der Überlassung vorgesehenen Zeitpunkt gegenüber Verleiher oder Entleiher abgegeben werden. Tritt die Unwirksamkeit des Vertrags erst nach Aufnahme der Tätigkeit ein, beginnt die Monatsfrist erst zu diesem Zeitpunkt.
- § 9 I Nr. 1a AÜG:
Die Erklärung muss schriftlich bis zum Ablauf eines Monats nach dem zwischen Verleiher und Entleiher für den Beginn der Überlassung vorgesehenen Zeitpunkt gegenüber Verleiher oder Entleiher abgegeben werden.
- § 9 I Nr. 1b AÜG:
Die Erklärung muss schriftlich bis zum Ablauf eines Monats nach Überschreiten der zulässigen Überlassungshöchstdauer gegenüber Verleiher oder Entleiher abgegeben werden.

Zum kurzen Fristenlauf kommen gemäß § 9 II AÜG weitere, zur Verhinderung eines Missbrauchs der Erklärung zu erfüllende Formalien hinzu:

- § 9 II Nr. 1 AÜG:
Die Erklärung muss vom Leiharbeitnehmer persönlich bei der Agentur für Arbeit vorgelegt werden.
- § 9 II Nr. 2 AÜG:
Die Agentur für Arbeit versieht die Erklärung mit dem Datum des Vorlagetags und einem Hinweis zur Identitätsfeststellung.

▶ § 9 II Nr. 3 AÜG:

Die Erklärung muss innerhalb von drei Tagen nach Vorlage bei der Agentur für Arbeit Verleiher- oder Entleiher zugehen.

Um „Vorratserklärungen" zu vermeiden, ordnet § 9 III 1 AÜG die Unwirksamkeit schon vor Beginn der Monatsfrist abgegebener Erklärungen an. Der Leiharbeitnehmer soll frei entscheiden können, ob er das Arbeitsverhältnis mit dem Verleiher fortsetzen möchte. Wird die Überlassung nach einer Festhaltenserklärung fortgesetzt, bleibt es bei der Fiktion eines Arbeitsverhältnisses zwischen Entleiher und Leiharbeitnehmer, § 9 III 2 AÜG.[95]

III. Rechtsfolgen bei Fehlen einer Erlaubnis

1. Unwirksamkeit des Überlassungsvertrags

§ 9 I Nr. 1 AÜG ordnet die Unwirksamkeit des zwischen Verleiher und Entleiher geschlossenen Vertrags an. Da es an einem wirksamen Rechtsverhältnis zwischen den Parteien fehlt, erfolgt eine Rückabwicklung erbrachter Leistungen nach den §§ 812 ff BGB.[96] In Betracht kommen grundsätzlich auch Schadensersatzansprüche des Entleihers gegen den Verleiher gemäß §§ 280 ff, 823 ff BGB. Allerdings hat der Verleiher im Arbeitnehmerüberlassungsvertrag gemäß § 12 I 3 AÜG zu erklären, ob er eine Erlaubnis hat. Schadensersatzansprüche dürfte der Entleiher daher nur haben,

---

[95] § 9 III 4 AÜG ordnet durch den Verweis auf § 28e II 4 SGB IV eine gesamtschuldnerische Haftung von Verleiher und Entleiher für die Sozialversicherungsbeiträge an.
[96] Zu den Einzelheiten der Rückabwicklung nach Bereicherungsrecht vgl. Schüren/*Schüren*, § 9 Rn. 60 ff.

wenn der Verleiher ihn über das Vorliegen der Erlaubnis getäuscht hat.

2. Unwirksamkeit des Arbeitsvertrags

a. Gesetzliche Fiktion

Hat der Verleiher nicht die gemäß § 1 I 1 AÜG erforderliche Arbeitnehmerüberlassungserlaubnis, ist nach § 9 I Nr. 1 AÜG auch der Arbeitsvertrag zwischen Verleiher und Leiharbeitnehmer unwirksam, es sei denn, der Leiharbeitnehmer gibt die zuvor beschriebene Festhaltenserklärung ab. Erfolgt die Festhaltenserklärung nicht oder nicht wirksam, wird gemäß § 10 I 1 AÜG ein Arbeitsverhältnis zwischen Entleiher und Leiharbeitnehmer fingiert.

b. Inhalt des Arbeitsverhältnisses

Auf den Inhalt des Arbeitsverhältnisses haben Verleiher, Entleiher und Leiharbeitnehmer zunächst keinen Einfluss. Das fingierte Arbeitsverhältnis zwischen Entleiher und Leiharbeitnehmer ist ein „normales" Arbeitsverhältnis mit allen daraus resultierenden Rechten und Pflichten. § 10 I 2 - 5 AÜG regeln die Frage, welchen konkreten Inhalt das durch gesetzliche Fiktion mit dem Entleiher begründete Arbeitsverhältnis hat. Allerdings steht es Leiharbeitnehmer und Entleiher frei, diese Inhalte durch einvernehmliche Einigung ganz oder teilweise zu verändern.

aa. § 10 I 2 AÜG

War die Tätigkeit des Leiharbeitnehmers befristet und bestand für die Befristung ein sachlicher Grund, gilt diese Befristung auch im fingierten Arbeitsverhältnis zwischen Leiharbeitnehmer und Entleiher.

Die erste Voraussetzung, eine Befristung der Tätigkeit des Leiharbeitnehmers beim Entleiher, wird häufig vorliegen. Das ist jedenfalls dann der Fall, wenn im Überlassungsvertrag ein konkretes Beendigungsdatum vereinbart ist. Handelt es sich dagegen um einen Scheinwerkvertrag, erfolgt im Verhältnis Auftraggeber und Auftragnehmer i. d. R. keine Befristung. Dann ist auch der fingierte Arbeitsvertrag zwischen Entleiher und Leiharbeitnehmer nicht befristet.[97]

Beispiel
Auftraggeberin E und Auftragnehmer V einigen sich in einem Werkvertrag über die zeitlich unbegrenzte Erbringung von IT-Leistungen durch V. V setzt hierfür seinen Arbeitnehmer L ein, der bei E seine Arbeitsleistung erbringt. Später stellt sich heraus, dass es sich um einen Scheinwerkvertrag handelt. Das fingierte Arbeitsverhältnis zwischen E und L ist nicht befristet.

Als zweite Voraussetzung muss ein sachlicher Grund für die Befristung vorliegen. Gemeint ist nicht die Befristung im Arbeitnehmerüberlassungsvertrag, sondern der sachliche Grund muss im Verhältnis zwischen Entleiher und Leiharbeitnehmer bestehen. Ein solcher sachlicher Grund kann z. B. die Deckung eines vorübergehenden Bedarfs nach § 14 I 2 Nr. 1 TzBfG oder die Vertretungsbefristung nach § 14 I 2 Nr. 3 TzBfG sein. An einem sach-

---

[97] Vgl. Urban-Crell/*Urban-Crell*, § 10 Rn 38.

lichen Grund im Verhältnis zwischen Entleiher und Leiharbeitnehmer fehlt es aber in den Fällen, in denen beim Entleiher ein ständiger Arbeitsbedarf besteht, den er mit Leiharbeitnehmern deckt.

Ist das Arbeitsverhältnis zwischen Entleiher und Leiharbeitnehmer wirksam befristet, endet es mit Ablauf der Befristung, § 15 I,
II TzBfG. Da es sich um ein fingiertes Arbeitsverhältnis handelt,
fehlt es immer an einer Vereinbarung i. S. d. § 15 III TzBfG. Eine
ordentliche Kündigung vor Ablauf der Befristung ist also nicht
möglich. Eine außerordentliche Kündigung kann bei Vorliegen eines wichtigen Grundes erfolgen. Ein solcher wichtiger Grund
ergibt sich allerdings nicht bereits aus der Fiktion des Arbeitsverhältnisses.[98]

bb. § 10 I 3 AÜG

Hinsichtlich Dauer und Lage der Arbeitszeit gilt die zwischen Ver-
leiher und Entleiher getroffene Vereinbarung. Streitig ist, ob der
Entleiher über das Direktionsrecht des § 106 GewO die Lage der
Arbeitszeit verändern kann.[99]

cc. § 10 I 4, 5 AÜG

Ansonsten sind für Inhalt und Dauer des Arbeitsverhältnisses die
im Betrieb des Entleihers geltenden Regelungen maßgebend.
Fehlt es an solchen Regelungen, ist auf vergleichbare Betriebe
abzustellen. Der Leiharbeitnehmer hat gemäß § 10 I 5 AÜG mindestens Anspruch auf das mit dem Verleiher vereinbarte Entgelt.

---

[98] Vgl. zum Vorstehenden Thüsing/*Mengel*, § 10 AÜG Rn. 36 ff.
[99] Siehe hierzu *Ulrici*, § 10 AÜG Rn. 34, 35 m. w. Nw.

3. Schadensersatzansprüche des Leiharbeitnehmers

§ 10 II AÜG enthält einen speziellen Schadensersatzanspruch des Leiharbeitnehmers gegen den Verleiher. Ist der Arbeitsvertrag aufgrund § 9 I Nr. 1, Nr. 1a oder Nr. 1b AÜG unwirksam, kann der Leiharbeitnehmer Ersatz des Schadens verlangen, den er dadurch erleidet, dass er auf die Wirksamkeit des Vertrags vertraut hat. Hierunter können z. B. Kosten für einen Umzug an den Sitz des Verleihers fallen oder auch der Schaden, der durch die Aufgabe eines anderen Arbeitsverhältnisses entstanden ist.[100] Kennt der Leiharbeitnehmer die Unwirksamkeit, entfällt der Anspruch.

4. Ordnungswidrigkeit

Die Überlassung eines Leiharbeitnehmers ohne Erlaubnis stellt gemäß § 16 I Nr. 1 AÜG eine Ordnungswidrigkeit durch den Verleiher dar, die mit einer Geldbuße (§ 16 II AÜG) geahndet werden kann. Lässt der Entleiher vorsätzlich oder fahrlässig einen Leiharbeitnehmer tätig werden, ohne dass der Verleiher eine Erlaubnis hat, gilt Entsprechendes.

---

[100] Vgl. Urban-Crell/*Urban-Crell*, § 10 AÜG Rn. 71 ff.

IV. Rechtsfolgen bei Verstößen gegen die Bezeichnungs- und Konkretisierungspflichten

Der Arbeitsvertrag zwischen Verleiher und Leiharbeitnehmer (nicht auch der Arbeitnehmerüberlassungsvertrag) ist gemäß § 9 I Nr. 1a AÜG unwirksam, wenn die in § 1 I 5 und 6 AÜG vorgeschriebenen Bezeichnungs- bzw. Konkretisierungspflichten nicht erfüllt werden. Auch hier tritt die Unwirksamkeit nur ein, wenn der Leiharbeitnehmer keine Festhaltenserklärung abgibt. Im Übrigen gelten die in Kapitel F. III. 2 - 4. beschriebenen Rechtsfolgen. Die Ordnungswidrigkeit ergibt sich aus § 16 I Nr. 1c und 1d AÜG.

V. Rechtsfolgen bei unzulässigem Kettenverleih

Besteht zwischen Verleiher und Leiharbeitnehmer entgegen § 1 I 3 AÜG kein Arbeitsverhältnis, wird der Leiharbeitnehmer also einem anderen nicht von seinem vertraglichen Arbeitgeber überlassen, greift § 10a AÜG ein. Verstößt die Person gegen die Bezeichnungs- oder Konkretisierungspflichten oder wird die Überlassungshöchstdauer überschritten, gelten § 10a AÜG i. V. m. § 1 I 3, 5 und 6 AÜG, §§ 9 Nr. 1, Nr. 1a, 10 I 1 AÜG entsprechend. Es treten also die o. g. Rechtsfolgen ein. Diese treffen den letzten Einsatzbetrieb.[101]

---

[101] Vgl. Schüren/*Schüren*, § 10a AÜG Rn. 16.

VI. Rechtsfolgen bei Überschreiten der Überlassungshöchstdauer

1. Rechtsfolgen für den Verleiher

Der Arbeitsvertrag mit dem Leiharbeitnehmer ist gemäß § 9 I Nr. 1b AÜG unwirksam.[102] Gibt der Arbeitnehmer keine Festhaltenserklärung ab, greift die gesetzliche Fiktion eines Arbeitsverhältnisses zwischen Entleiher und Leiharbeitnehmer nach § 10 I 1 AÜG. Dem Leiharbeitnehmer stehen Schadensersatzansprüche nach § 10 II AÜG zu. Es liegt eine Ordnungswidrigkeit nach § 16 I Nr. 1e AÜG vor. Zudem kann eine künftig zu beantragende Arbeitnehmerüberlassungserlaubnis gemäß § 3 I Nr. 1 AÜG versagt werden. Auch ein Widerruf nach § 5 I Nr. 3 AÜG ist möglich.

2. Rechtsfolgen für den Entleiher

Ohne Festhaltenserklärung greift die gesetzliche Fiktion eines Arbeitsverhältnisses mit dem Leiharbeitnehmer, § 10 I 1 AÜG.

3. Rechtsfolgen für den Leiharbeitnehmer

Der Leiharbeitnehmer kann wählen. Das Arbeitsverhältnis mit dem Verleiher bleibt bestehen, wenn er wirksam erklärt, an dem Arbeitsverhältnis festhalten zu wollen. Ist der Leiharbeitnehmer der Auffassung, ein Arbeitsverhältnis mit dem Entleiher sei für ihn günstiger, wird er keine Festhaltenserklärung abgeben. Es greift dann wiederum die gesetzliche Fiktion des § 10 I 1 AÜG.

---

[102] Der Arbeitnehmerüberlassungsvertrag bleibt wirksam.

VII. Rechtsfolgen bei Verstößen gegen den Gleichstellungsgrundsatz

Gemäß § 9 I Nr. 2 AÜG sind die Vereinbarungen unwirksam, die für den Leiharbeitnehmer schlechtere als die ihm nach § 8 AÜG zustehenden Arbeitsbedingungen einschließlich des Arbeitsentgelts vorsehen. Es sind also nur die abweichenden Vereinbarungen unwirksam, nicht der Arbeitsvertrag zwischen Leiharbeitnehmer und Verleiher. Dementsprechend greifen auch nicht die Rechtsfolgen des § 10 I 1 AÜG ein. Der Leiharbeitnehmer kann die Differenzbeträge zum Equal Pay sowie die nicht gewährten wesentlichen Arbeitsbedingungen gegenüber dem Verleiher einklagen. Das Verhalten des Verleihers stellt zudem eine Ordnungswidrigkeit nach § 16 I Nr. 7a, b AÜG dar. Nach § 3 I Nr. 3 AÜG, § 5 I Nr. 4 AÜG kann die Arbeitnehmerüberlassungserlaubnis versagt bzw. widerrufen werden.

VIII. Sonstige Verstöße

Beim einem Verstoß gegen § 9 I Nr. 2a bis 5 AÜG sind weder Überlassungsvertrag noch der Arbeitsvertrag zwischen Verleiher und Leiharbeitnehmer unwirksam. Bei § 9 I Nr. 3 AÜG ist nur die entsprechende Vereinbarung zwischen Entleiher und Verleiher unwirksam. Auch bei § 9 I Nr. 4 AÜG betrifft die Unwirksamkeit nur die Untersagungsklausel.[103]

---

[103] Vgl. hierzu und den weiteren Rechtsfolgen eines Verstoßes gegen § 9 I Nr. 2-5 AÜG Urban-Crell/*Urban-Crell*, § 9 Rn. 39 ff.

G. Haftung des Leiharbeitnehmers

I. Haftung gegenüber dem Verleiher

Zwischen Verleiher und Leiharbeitnehmer besteht ein Arbeitsverhältnis. In dieser Rechtsbeziehung sind damit auch die Grundsätze des innerbetrieblichen Schadensausgleichs anwendbar.

II. Haftung gegenüber dem Entleiher

Zwischen Entleiher und Leiharbeitnehmer besteht kein Arbeitsverhältnis, sondern ein sog. tatsächliches Beschäftigungsverhältnis.[104] Verletzt der Leiharbeitnehmer während seiner Tätigkeit bei Entleiher dessen Eigentum, ist daher fraglich, ob auch in dieser Rechtsbeziehung die Haftungserleichterungen bzw. Grundsätze der beschränkten Arbeitnehmerhaftung anwendbar sind.[105]

Auch für das tatsächliche Beschäftigungsverhältnis gelten, ähnlich einem Arbeitsvertrag, die Rücksichtnahmepflichten aus § 241 II BGB. Hierzu gehört auch die Pflicht, sich jederzeit so zu verhalten, dass Rechtsgüter des anderen (Körper, Eigentum etc.) nicht verletzt werden. Verletzt der Leiharbeitnehmer gegenüber

---

[104] Siehe Kapitel E. V. I.
[105] Schadensersatzansprüche gegen den Verleiher hat der Entleiher i. d. R. nicht, da der Verleiher nur die ordnungsgemäße Auswahl und Zurverfügungstellung eines geeigneten Leiharbeitnehmers schuldet. Der Leiharbeitnehmer ist auch nicht Verrichtungsgehilfe des Verleihers. Allerdings schließen Verleiher regelmäßig Betriebshaftpflichtversicherungen ab, die auch Schäden des Leiharbeitnehmers abdecken.

dem Entleiher diese Pflicht, hat dieser Anspruch auf Schadensersatz nach den §§ 280 ff BGB und §§ 823 ff BGB.[106]

Das der Arbeitnehmerüberlassung zugrundeliegende Dreiecksverhältnis führt zu einer Art „gespaltener" Arbeitgeberstellung mit einem arbeitsbezogenen Weisungsrecht des Entleihers. Für den Leiharbeitnehmer macht es, jedenfalls hinsichtlich der Verletzung von Rechtsgütern, keinen Unterschied, ob er seine Arbeitsleistung beim Verleiher oder Entleiher erbringt. Wären die Grundsätze des innerbetrieblichen Schadensausgleichs auf den Leiharbeitnehmer im Verhältnis zum Entleiher nicht anwendbar, gingen diese rechtlichen Besonderheiten allein zu Lasten des Leiharbeitnehmers. Die Grundsätze sind daher auch im Verhältnis zum Entleiher anwendbar.

III. Haftung gegenüber Dritten

Verletzt der Leiharbeitnehmer Rechtsgüter eines außenstehenden Dritten, z. B. eines Kunden des Entleihers, gelten auch insoweit die allgemeinen Grundsätze der Arbeitnehmerhaftung. Nach h. M. haftet der Leiharbeitnehmer gegenüber dem Dritten. Er hat jedoch einen Freistellungsanspruch gegen den Verleiher in Höhe der Quote, die der Verleiher tragen müsste, wenn der Leiharbeitnehmer eines seiner Rechtsgüter verletzt hätte.[107]

---

[106] Ausführlicher hierzu Palandt/*Grüneberg*, § 241 BGB Rn. 6, 8 und § 280 BGB Rn. 28.
[107] Ausführlicher ErfK/*Preis*, § 619a BGB Rn. 23 ff.

H. Betriebsverfassungsrechtliche Aspekte

I. Grundlagen

Für die Frage, in welchen Rechtsbeziehungen welche Mitbestimmungs- oder Mitwirkungsrechte des Betriebsrats bestehen, ist zunächst zu unterscheiden, um welche Arbeitnehmer es geht und wo diese ihre Arbeitsleistung erbringen.

Für Arbeitnehmer des Verleihers, die nicht verliehen werden (z. B. Disponenten, Buchhaltung), bleibt es bei der alleinigen Zuständigkeit des Betriebsrats des Verleihers. Für Arbeitnehmer (Stammbelegschaft) des Entleihers, ist allein der Betriebsrat des Entleihers zuständig.

Da sowohl Verleiher als auch Entleiher gegenüber dem Leiharbeitnehmer Arbeitgeberfunktionen bzw. -rechte wahrnehmen, fragt sich, ob es zu einer „doppelten" Zuständigkeit beider Betriebsräte kommt.

II. Zuständigkeiten des Betriebsrats und Wahlrechte

Gemäß § 5 I 1 BetrVG sind Arbeitnehmer i. S. d. Betriebsverfassungsrechts Arbeiter und Angestellte einschließlich Auszubildende. Das Betriebsverfassungsrecht enthält somit keine eigene Definition des betriebsverfassungsrechtlichen Arbeitnehmers. Es geht zunächst vom allgemeinen Arbeitnehmerbegriff aus, weicht von diesem aber teilweise ab.[108] Eine Einordnung als Arbeitnehmer

"i. S. d. § 5 und damit (für) die Wahlberechtigung nach § 7 ist auch dann zu bejahen, wenn eine im Betrieb tätige Person ohne Arbeitsvertrag mit dem Betriebsinhaber den arbeitgeberischen Weisungsbefugnissen unterliegt und so eingegliedert ist, dass sie sich von einem vergleichbaren (Vertrags-)AN im Wesentlichen nur durch das Fehlen arbeitsvertraglicher Beziehungen zum Betriebsinhaber unterscheidet."[109]

1. Betriebsrat des Verleihers

Betriebsverfassungsrechtlich bleiben Leiharbeitnehmer gemäß § 14 I AÜG Arbeitnehmer des Verleihers. Sie haben dort das volle aktive und passive Wahlrecht.[110] Sie zählen bei den Schwellenwerten des BetrVG beim Verleiher mit.[111] Es bleibt auch während ihres Einsatzes beim Entleiher bei der vollen Zuständigkeit des Betriebsrats des Verleihers.

2. Betriebsrat des Entleihers

Stellt man nur auf eine arbeitsvertragliche Beziehung zwischen Arbeitnehmer und Betrieb ab, wären Leiharbeitnehmer betriebsverfassungsrechtlich im Entleiherbetrieb nicht zu berücksichtigen. Dies würde aber der oben beschriebenen „gespaltenen" Arbeitgeberstellung und dem partiellen Weisungsrecht des Entleihers

---

[108] BAG vom 13.03.2013, 7 ABR 69/11.
[109] Däubler/*Däubler*, Einleitung zum BetrVG Rn. 89.
[110] §§ 7, 8 BetrVG.
[111] Vgl. *Fitting*, § 1 Rn. 279 m. w. Nw.

nicht gerecht. Auch wenn der Leiharbeitnehmer betriebsverfassungsrechtlich grundsätzlich dem Verleiher zugeordnet ist, ist auch der Betriebsrat des Entleihers zuständig, wenn

▶ AÜG oder BetrVG eine entsprechende Regelung enthalten oder
▶ es um den konkreten Arbeitsplatz beim Entleiher bzw. die Eingliederung beim Entleiher und dessen Weisungsrechte geht.

Beim Entleiher sind Leiharbeitnehmer vom passiven Wahlrecht ausgeschlossen, § 14 II 1 AÜG. Sie können aber nach § 14 II 2 AÜG Sprechstunden des Betriebsrats des Entleihers aufsuchen, an Betriebsversammlungen teilnehmen und haben die weitergehenden Rechte aus § 14 II 3 AÜG.

Leiharbeitnehmer können beim Entleiher zwar nicht in den Betriebsrat gewählt werden. Sie haben jedoch gemäß § 7 S. 2 BetrVG ein aktives Wahlrecht beim Entleiher, wenn sie dort länger als drei Monate eingesetzt werden. Wie bei der Berechnung der Überlassungsfrist nach § 1 Ib 1 AÜG (18 Monate), kommt es bei der Berechnung nach § 7 S. 2 BetrVG nicht auf die tatsächliche Einsatz- bzw. Tätigkeitszeit an. Maßgebend ist die vertragliche Vereinbarung zwischen Verleiher und Entleiher. Aufgrund des Wortlauts in § 7 S. 2 BetrVG „länger als drei Monate … eingesetzt werden", besteht das aktive Wahlrecht ab dem ersten Tag des Einsatzes. Voraussetzung ist lediglich, dass der Einsatz länger als drei Monate dauern soll.[112]

---

[112] Däubler/*Schneider*, § 7 BetrVG Rn. 8a.

III. Mitbestimmungs- und Mitwirkungsrechte

1. Betriebsrat des Verleihers

Da der Verleiher Arbeitgeber des Leiharbeitnehmers ist, hat der Betriebsrat des Verleiherbetriebs alle „normalen" Mitbestimmungs- und Mitwirkungsrechte. Kehrt der Leiharbeitnehmer aus der Überlassung zurück, besteht kein Mitbestimmungsrecht nach § 99 BetrVG, da der Leiharbeitnehmer betriebsverfassungsrechtlich stets dem Verleihbetrieb angehört hat.

2. Betriebsrat des Entleihers

Gemäß § 14 III 1 AÜG ist der Betriebsrat des Entleihers vor der Übernahme eines Leiharbeitnehmers zur Arbeitsleistung nach § 99 BetrVG zu beteiligen. Der Inhalt der Unterrichtung hat die Besonderheiten der Arbeitnehmerüberlassung zu berücksichtigen. I. d. R. wird der Entleiher seinen Betriebsrat insbesondere über die Anzahl der zu übernehmenden Leiharbeitnehmer, deren Tätigkeitsbereiche und Qualifikationen, den Beginn der Übernahme und ihre Dauer sowie die Auswirkungen auf die Stammbelegschaft unterrichten.[113] § 14 III 2 BetrVG verlangt die Vorlage der Erklärung des Verleihers nach § 12 I 2 AÜG (Arbeitsüberlassungserlaubnis). Der Betriebsrat kann bei Vorliegen der Voraussetzungen des § 99 II, III BetrVG die Zustimmung verweigern. In diesem Fall kann der Entleiher das Zustimmungsersetzungsverfahren nach § 99 IV BetrVG einleiten.

---

[113] Weitergehend *Fitting*, § 99 Rn. 178 ff.

Beachte

Nach h. M. ist die Verweisung in § 14 III AÜG auf § 99 BetrVG eine Rechtsfolgenverweisung, keine Rechtsgrundverweisung. Es müssen also die Voraussetzungen des § 99 I 1 AÜG (i. d. R. mehr als 20 wahlberechtigte Arbeitnehmer) nicht vorliegen.[114]

Der Arbeitgeber hat seinen Betriebsrat zur Durchführung dessen Aufgaben aus § 80 I BetrVG auch bezüglich der Beschäftigung von Personen, die in keinem Arbeitsverhältnis zu ihm stehen, also auch Leiharbeitnehmer, rechtzeitig und umfassend zu unterrichten, § 80 II BetrVG. Gemäß § 92 BetrVG hat der Betriebsrat für den Einsatz von „Fremdpersonal" bezüglich Personalbedarf und -einsatz ein Unterrichtungs- und Beratungsrecht.

---

[114] Vgl. ErfK/*Wank*, § 14 AÜG Rn. 21 m. w. Nw.

Zeitfracht Medien GmbH
Ferdinand-Jühlke-Straße 7
99095 Erfurt, Deutschland
produktsicherheit@kolibri360.de